Otto Keller

Vicvs Avrelii oder hringen zur Zeit der Römer

Otto Keller

Vicvs Avrelii oder hringen zur Zeit der Römer

ISBN/EAN: 9783743479609

Hergestellt in Europa, USA, Kanada, Australien, Japan

Cover: Foto ©ninafisch / pixelio.de

Otto Keller

Vicvs Avrelii oder hringen zur Zeit der Römer

VICVS AVRELII

ODER

OEHRINGEN ZUR ZEIT DER RÖMER.

MIT 1 KARTE, 2 PLÄNEN, 2 PHOTOTYPIEEN, 52 LITHOGRAPHIEEN
UND EINIGEN HOLZSCHNITTEN.

VON

D<small>R</small> O. KELLER.

RECTOR DES K. WÜRTT. LYCEUMS ZU OEHRINGEN.

Fest - Programm

zu

Winckelmanns Geburtstage

am 9. December 1871.

Herausgegeben

vom

Vorstande des Vereins von Alterthumsfreunden im Rheinlande.

Bonn 1871.

Gedruckt auf Kosten des Vereins.

Bonn, bei A. Marcus.

INHALT DES TEXTES.

I. Einleitung.

Die ältesten historischen Bewohner der Gegend waren Markomannen (Steinwaffen, Flussnamen); nicht Sueven. Sueven und Schwaben zwei verschiedene Völker S. 1—3. Auswanderung der meisten Markomannen im ersten christlichen Jahrhundert. Einwanderung römischer Provinzialen; römisches Fort am Limes bei Oehringen S. 3.

II. Der Vicus Aurelii.

Vergrösserung des Forts zum Vicus Aurelii zur Zeit des Caracallus. Verlegung der Beckinger Besatzung in den Vicus Aurelii S. 3 f. Untergang des Vicus Aurelii ums Jahr 270 S. 4—6 (Münzen der Gegend S. 5). Grösse und Lage des Vicus Aurelii S. 6 f. Der Limes oder Pfahlgraben S. 7—10 (vergl. auch S. 39). Besatzung des Vicus Aurelii S. 10—12. Das Collegium iuventutis S. 12 f. Klima und Producte des Vicus Aurelii S. 13—15. Das Bad am Orendelstein S. 15—17. Zwei Brücken und die Hainengasse S. 18. Die Untere Bürg S. 18—22. Die Obere Bürg S. 22 ff. Die Minervenstatuen S. 23—25. Das Eponarelief S. 25 f. Der Nymphen- oder Matronenstein von Unterheimbach S. 26—28. Cultus des Mars, des Taranucnus, der Fortuna und des Mercur S. 28 f. Inschriften der Oberen Bürg S. 29. Begräbnissstätte des Vicus Aurelii S. 29—31. Denkmal der Gattin des Maximinus am Orendelstein S. 31 f.

III. Der Orendelstein.

Eigel und Orendel, Helden der deutschen Sage S. 33—36. Eigelstein, Rendelstein S. 36 f. Orendelsall und seine Crypta S. 37. Der Orendelstein eine altdeutsche Dingstätte S. 38. Erklärung der Legenden vom heil. Orendulus ebendas.

IV. Umgebung des Vicus Aurelii.

Römisches Vorwerk des Vicus Aurelii auf dem Hornberg S. 39. Römerveste Mainhardt S. 39 f. Römerveste bei Jagsthausen und Olnhausen S. 41—46. Römerveste bei Neuenstadt und Oedheim S. 47 f. Römische Villa bei Rückertshausen S. 48 f.

V. Die germanischen Grabhügel im Hohenlohischen.

Topographisches S. 49. Bauart der Leichenhügel S. 50—53. Bauart und Inhalt der Brandhügel, besonders bei Hohbach S. 53 f. Töpferwaaren S. 54—56. Bronze- und Eisengeräthe S. 56—59. Streitwagen S. 59. Steinwaffen S. 59 f. Thierische Beigaben S. 60. Zeit und Volksthum der Todten unsrer Grabhügel S. 60 f. Ihre Beziehung zu den Salzquellen des Kocherthals S. 62 f.

Nunc seges est ubi Troia fuit.

Ueber die Bewohner und die Natur unserer Gegend vor der Eroberung durch die Römer haben wir keine schriftlichen Nachrichten, ausgenommen was im allgemeinen die griechischen und römischen Schriftsteller von dem damaligen Germanien, beziehungsweise dessen südwestlichem Theile erzählen. Viele Sümpfe und Wälder, vornehmlich Eichenwälder (vgl. Schriften des württ. Alterthumsv. 1859, 5. Heft S. 12), bedeckten das Land, dessen Bewohner, germanischen Blutes, sich Mark- oder Grenzmänner, Markomannen oder Markomanen nannten (vgl. Wietersheim, Geschichte der Völkerwanderung I 420, II 178; Jahrb. der Alterthumsfr. im Rheinl. VII 137). In ihren Händen war offenbar zur Zeit des Augustus und noch des Titus die Landschaft um Oehringen; im Norden hausten die Chatten, nicht immer die friedfertigsten Nachbarn. Dass die Markomannen an den Quellen der Donau sassen, berichtet Arrian (anabas. I 3, 2) vielleicht (vgl. die Einleitungsworte zur Anabasis) nach dem Zeugniss von Aristobul oder Ptolemäus Lagi; und von Drusus wissen wir, dass er an der südlichen chattischen Grenze eine hervorragende Anhöhe mit den Spolien und Insignien der Markomannen nach Art eines Tropäums schmückte (Flori epitoma II 30, 22. 23 Halm). Diesen Platz sucht man auf der Taunushöhe (Dederich, Feldzüge des Drusus und Tiberius 60) und nimmt an, dass zu Drusus und Livius Zeiten die Markomannen »zwischen den Flüssen Neckar und Main« gewohnt haben (ebendas. 61). Endlich erscheint auf der in ihren Ursprüngen den Zeiten Augusts und Agrippas entstammenden tabula Peutingeriana der Schwarzwald als silva Marciana d. h. Grenzwald, Wald der Markmänner, und noch Ammianus erwähnt die silvae Marcianae; ja auch später noch einmal (Förstemann 991) hören wir von der Martiana silva (Bacmeister, alem. Wander. 139).[1] Die Steinmeissel und

---

[1] Die vulgäre Annahme, dass die Schwaben von den Sueven abstammen und der Name beider identisch sei, ist sachlich und sprachlich sehr unwahrscheinlich. Wo man nur etwas bestimmteres über den Aufenthalt der Sueven erfährt, sind sie ein offenbar norddeutsches Volk. Dass Ariovist [ein Sueve gewesen und] am Oberrhein gewohnt habe, ist eine willkürliche Behauptung. Auch ist mir kein Beispiel bekannt, dass bei einem von den Römern überkommenen historischen Namen im Deutschen ein E in A verwandelt würde (ausser dass vorübergehend statt Vosegus die Form Vosagus auftritt): im Gegentheil: Rhenus verwandelt sich in Rhein, Raetia oder Retia — Reticius statt Raeticius bei Hefner, röm. Bayern ³ nr. CCLIII. — in Riess, Attila in Etzel. Vielmehr sind die Suaven oder Suaben vollständig, zeitlich und örtlich, von den alten Sueven zu unterscheiden. Als die Sueven vom weltgeschichtlichen Schauplatz be-

Steinhämmer oder Aexte,¹) welche man in hiesiger Gegend schon gefunden hat, so der 1½ Stunden von hier auf dem Obersteinbacher Plateau in der Nähe des abgegangenen Ortes Lupfersberg in einem Walde ungefähr 1 Fuss unter der Erde gefundene Steinmeissel aus Diorit,²) abgebildet Taf. VI. nr. 8, im Besitz des H. Forstmeisters Gantz, und der bei Lindenschmit (Alterthümer unserer heidn. Vorzeit I. 1 tab. 1, 10) abgebildete aus Serpentinschiefer, gefunden bei Heilbronn,³) und manche andere, auch viele Grabhügel, auf welche

reits abgetreten waren. werden im V. Jahrhundert, zum erstenmal Schwaben genannt, und zwar an einer Stelle, wo niemals Sueven gelebt haben, nämlich an der Save, Suavia, Savia, Sau im südlichen Oesterreich (Procop. de bell. Goth. I 15. 16. Zeuss S. 589—591). Zunächst (a. 465—472) an Dalmatien grenzend (Dalmatiis Suavia vicina erat, Jordanis cit. bei v. Wietersheim, Gesch. der Völkerwander. IV 460) zogen sie in der zweiten Hälfte des V. Jahrhunderts durch Tirol, wo man nach Steub, rhät. Ethnologie S. 103, noch jetzt eine stark schwäbelnde Mundart im Oberinnthal und bis ins Vintschgau findet, eroberten unter König Hunimund Batava oder Passau (vita s. Severini c. 22), ergossen sich durchs Baierland bis gegen Franken. so dass sie ums J. 555 westlich von den Baiern (Baiorii), südlich von den Thüringern, östlich von den Franken und nördlich von den bis zur französischen Schweiz verdrängten Burgundern sassen (Jordanis c. 55). Diess also waren in der Mitte des VI. Jahrhunderts die Grenzen des Reiches der Schwaben, damals Verbündeter der Alamannen (Jordanis l. c.), mit welchen sie immer mehr verschmolzen: quibus Suavis tunc iuncti aderant etiam Alamanni, ipsique Alpes erectas omnino regentes, unde nonnulla fluenta Danubio influunt, Jordanis. Suavi heisst die Schwaben, auch Paulus Diaconus. und Otfrid spricht ungefähr um 871 in seiner Evangelienharmonie (Graff S. 6) vom Schwabenreiche Suáborichi. Aber durch Kaiser Karls Hofgelehrte scheint der Glaube aufgebracht worden zu sein, dass unsere Vorväter, die süddeutschen Schwaben, mit den alten norddeutschen Sueven identisch oder deren Abkömmlinge seien, und es wurde Mode, dass die Gelehrten die schwäbischen Alamannen Sueven nannten — so schon Ermoldus Nigellus a. 826 lib. III. v. 261 bei Pertz monum. II 494 — und unter den Titeln Ludwigs des Deutschen lesen wir den Namen Alamanni in Suevii verwandelt, Stälin, württ. Geschichte I 334. Ueber die mit der Geschichte »völlig unvereinbaren Bezeichnungen Suevia und Alamannia«, wie sie auf der Tabula Peutingeriana angebracht sind — das erstere wahrscheinlich ein Zusatz aus dem Mittelalter — vgl. v. Wietersheim, Geschichte der Völkerwander. II 371. Beide Namen sind auch den Schriftzügen nach verschieden und zwar hat Alamannia die Schrift der älteren Recension. Suevia die der späteren Interpolationen, wie Jutugi, Vanduli u. a. Von den Suavi reden ganz besonders Jordanis de Getarum sive Gothorum origine etc. c. 55 nach Closs, edit. 1861, und dem codex Monacensis; der Geographus Ravennas 4, 26. Paulus Diaconus 2, 15. 3, 18. Gregor. Turon. V 15 (a. 568). Procop. bell. Goth. I 42 Σονάβοι. annales S. Amandi ad a. 709. 710. 711. 730. Die beiden Stellen bei Ausonius epigr. 4, 1—3: Danubius penitis caput occultatus in oris, totus sub vestra iam ditione fluo: qua gelidum fontem mediis effundo Suevis u. s. w. und edyll. 6 p. 167 Bip.: lusimus quos in Suevae gratiam virgunculae verdienen genau nach den Handschriften revidirt zu werden; im cod. Vossian. 111 fehlen sie nach Holders Angabe. Auch für die bei unserer Frage in Betracht kommende vita Columbani ist eine kritische Ausgabe abzuwarten.

1) Auf eine Unterscheidung beider verzichtet Lindenschmit, Alterthümer unserer heidn. Vorzeit I 1, tab. 1 Text.

2) Die Waffen aus solchem Gestein entstammen wahrscheinlich den oberschwäbischen Geschieben, vgl. Quenstedt, Handb. der Mineralogie ¹ S. 672. Eitenbenz, röm. Niederlassung bei Messkirch S. 8.

3) Ferner finde ich verzeichnet in der Zeitschr. des histor. Vereins für das württemb. Franken 1865 S. 111 einen Streitmeissel mit sehr scharfer Schneide aus Kieselschiefer, wie er am Taunus vor-

wir beim Schluss unserer Abhandlung ausführlich zu sprechen kommen, werden mit grösster Wahrscheinlichkeit den voraugusteischen Markomanen beigelegt. Ebenso wird der Name des an und durch Oehringen strömenden Flusses Orana (Oorana a. 795, Bacmeister, alem. Wanderungen S. 108) auf die ältesten Zeiten zurückzuführen sein. Denn auch die übrigen Flussnamen wie Rhenus, Nicer, Amisia u. s. w. sind nicht von den Römern erfunden worden, vielmehr hat man von den meisten und bedeutendsten einen urgermanischen Ursprung nachgewiesen. Und gerade für unsre Ohrn lässt sich um so weniger daran zweifeln, als wir ihre offenbare Namensschwester, die Orne ('Gurgite suscipior subter quoque fluminis Ornae' Venantius de navigio suo v. 13 ed. Boecking, Jahrb. der Alterthumsfr. im Rheinl. VII. 110. um 580), unterhalb Metz in die Mosel münden sehen, und auch im badischen Glotterthal einen Orensbach antreffen (Schoepflin, Alsat. illustr. I 51). Nach der Mitte des I. Jahrhunderts unsrer Zeitrechnung wanderten die Markomanen, gedrängt von den Römern. zum Theile aus dem sogenannten Decumatland aus und längs dem 50 Stunden weit gedehnten Limes, der Hauptsache nach einem Werke Domitians, siedelten sich römische Soldaten und gallische Abenteurer (Squatters) an.

Die römische Niederlassung zu Oehringen war anfangs wahrscheinlich blos ein Castell, ein grösseres Fort, welches bei der ersten Erbauung des Limes transrhenanus sofort errichtet wurde, theils weil überhaupt in gewissen Entfernungen solche Befestigungen angebracht werden mussten, theils weil auch die Oertlichkeit sehr dazu einlud. Diess geschah vielleicht schon zur Zeit Domitians, dessen Verdienste um den Limes Tacitus parteiisch verschwiegen hat, spätestens wohl unter der Regierung Trajans (cf. Eutrop. 8, 2: urbes trans Rhenum in Germania reparavit) oder Hadrians (Cassius Dio hist. Rom. LXIX. 9: Ἀδριανὸς δὲ ἄλλην ἐπ' ἄλλης διαπορευόμενος ἐπαρχίαν τάς τε χώρας καὶ τὰς πόλεις ἐπισκεπτόμενος καὶ πάντα τὰ φρούρια καὶ τὰ τείχη περισκοπῶν τὰ μὲν ἐς ἐπικαιροτάτους τόπους μεθίστη, τὰ δὲ ἔπανε, τὰ δὲ προςκαθίστατο. cf. Spartian. Hadrian. 11. v. Wietersheim, Geschichte der Völkerwand. II 189).

Einen ziemlichen Aufschwung scheint der bisher namenlose Platz unter der Regierung des Aurelius Caracallus genommen zu haben, von welchem Kaiser er zu einem Städtchen erhoben und vicus Aurelii oder Aurelius[1]) getauft wurde (cf. Brambach, Baden unter römischer Herrschaft S. 6). Diese ausserordentlich wahrscheinliche Hypothese, wornach der in der Inschrift C. I. Rh. nr. 1561 überlieferte Name römisch Oehringens von Caracallus herrührt, stützt sich auf die merkwürdige Notiz bei Cassius Dio LXXVII, 13: καὶ γὰρ ὁ Ἀντωνῖνος ἐς τοὺς Ἀλαμβαννοὺς στρατεύσας, διέταττεν εἴ πού τι χωρίον ἐπιτήδειον πρὸς ἐνοίκησιν εἶδεν ἐνταῦθα φρούριον τειχισθήτω. Καὶ ἐπωνυμίας

---

kommt, gefunden unweit Züttlingen; 1862 S. 104 einen Streitmeissel von Grünstein (verde antico. schön geschliffen und poliert) mit scharfer Schneide aus einem Grabhügel des Waldes Platten bei Neckarsulm; ebendaher eine Streitaxt von Gneis; 1859 S. 125 = Lindenschmit I 1, 1, 8 Hammer aus thonigem Hornstein gef. bei Mergentheim.

1) Auf dem III. Segment der Tabula Peuting. ist ein Ort gleiches Namens in Gätulien von der Strasse von Lampese nach Theveste zwischen Liviana und Zyrnas Maseli angegeben, in der (Ablativ-) Form Vico Aureli.

γέ τινας τοῖς τόποις ἀφ' ἑαυτοῦ ἐπωνόμαζε, τῶν ἐπιχωρίων μὴ ἀλλοιουμένων. οἱ μὲν γὰρ ἠγνόουν, οἱ δὲ παίζειν αὐτὸν ἐδόκουν.

Aus der Zeit vor Caracallus haben wir nur Eine datierbare Inschrift, vom J. 169, offenbar von Freigelassenen herrührend und auf der Oberen Bürg selbst gefunden (C. I. Rh. nr. 1558), was zu der Annahme gut stimmt, dass der Platz zuerst etwas unbedeutender und kleiner, also auf die von Natur festen Positionen der Oberen und Unteren Bürg beschränkt und hinsichtlich der Einwohnerzahl nicht besonders bevorzugt war. Man mag zu diesem Herauswachsen des Städtchens aus einem oder zwei blossen Forts vergleichen, was Tacitus hist. IV 22 von der Entstehung der Stadt Castra vetera erzählt. — Aus der Zeit des Vicus haben wir 3 datierte Inschriften, aus den J. 222. 232 u. 237, von welchen zwei ausserhalb der beiden Bürgen, die dritte am Ende der Oberen Bürg auf der Seite gefunden wurde, wo wir städtische Anlagen voraussetzen dürfen. Diese 3 Inschriften sind Zeugen eines regeren, grossartigeren, reicheren Lebens in der Stadt. Die eine hat ein Kaiser, die andere das Collegium iuventutis, die dritte ein Quästor gesetzt, und zwar letzterer am Sockel einer sehr schönen Minervastatue, die er zum gemeinen Besten der Vicani Aurelianenses hatte restaurieren lassen. Ebenfalls nach oder unter Caracallus ist vielleicht die Erbauung des grossen Bades anzusetzen, wegen Ziegelplatten mit dem Stempel Aur. — Um die Zeit, wo römisch Oehringen den durch die Inschriften uns angedeuteten Aufschwung nahm, sehen wir in dem benachbarten Beckingen (ältere Schreibart Beggingen) die Spuren der früher daselbst garnisonierten Helvet[i]er und Brittonen verschwinden und dagegen in Oehringen auftauchen. — Allerdings existiren überhaupt nur zwei datierbare Beckinger Inschriften, C. I. Rh. 1583. 1590, beide aus dem gleichen J. 148. — Es drängt sich daher die Vermuthung auf, und sie ist schon ähnlich vom alten Hansselmann aufgestellt worden, dass der Aufschwung Oehringens hauptsächlich durch Verlegung der vorher in Beckingen gelegenen Garnison oder wenigstens ihres grössten Theiles ins Werk gesetzt worden sei. Früher, vor dem Ausbau des Pfahlgrabens, hatte man vor allem die Neckarlinie durch Besatzungen gesichert, jetzt schob man die Truppen an den Limes vor. In derselben Zeit entstanden eine Menge Strassen im Gebiete des oberen Rheins (vgl. Brambach, de column. miliar. ad Rhen. repert. p. XII. XIV. XV. XVII. XVIII), wie der oberen Donau (Hefner, röm. Bayern [3] S. 6), oder sie wurden ausgebessert. Ohne Zweifel war diess auch mit der Strasse zwischen Oehringen und Beckingen der Fall, deren Richtung, etwas südlicher als die jetzige Chaussee, sich noch heute auf grosse Strecken verfolgen lässt. — Die letzte öhringische Inschrift datirt aus dem J. 237, die letzte der Umgegend (der Inschriftenstein der Cohors equitata Philippına von Osterburken, aus den Jahren 244—249 (Correspondenzblatt der deutschen Alterthumsvereine XVI 8, 64), und der epochemachende Einbruch der Alamannen in das Zehntland, welchem ausser vielen andern Festungen auch unser Platz zum Opfer fiel, muss somit bald nach der Mitte des dritten Jahrhunderts erfolgt sein. Von den neunziger Jahren des dritten Jahrhunderts an sprechen die Römer selbst vom Zehntland nicht mehr als einer römischen Provinz, sondern als von Alamannien (v. Wietersheim, Geschichte der Völkerwanderung III 53); die Münzen vieler von Römern vergrabenen Schätze in Württemberg, Bayern und der Schweiz hören mit Gallienus, Claudius II., Postumus oder den Tetrici auf, mit den letzteren auch das Gros der dem Vicus Aurelii zugehörigen Münzen.[1]) Es war die furchtbare Zeit der 20 Tyrannen (»viginti prope tyrannos« nennen die Hand-

---

[1]) Sehen wir von den 1860 beim Eisenbahnbau hier entdeckten, in der Staatssammlung zu Stuttgart befindlichen Münzen ab, so gehen die sporadischen, zu verschiedenen Zeiten ganz bestimmt innerhalb der römischen Niederlassung Oehringens gefundenen Münzen — es sind bloss 8 Stücke, während die Zahl der in »Oehringen und Umgegend« ausgegrabenen Münzen viel grösser ist — diese sonstigen sporadisch gefundenen Münzen also gehen von Vespasian bis Clodius Albinus (196/197 n. Chr.); davon wurden 3 auf der Unteren Bürg gefunden, ein Antoninus Pius (Erz), ein Clodius Albinus (Silber) und eine [nicht ganz sichere] Faustina maior (Erz) als Anhänger; eine auf der Oberen Bürg, ein Antoninus Pius (Silber); 2 beim Orendelstein, ein Marc Aurel (Stoff unbekannt) und eine Faustina iunior (Erz); 2 bei der Hahnengasse, ein Vespasian und ein Trajan. Ferner stammen sehr wahrscheinlich noch 2 Erzmünzen von Mark Aurel aus der hiesigen römischen Niederlassung. Bei dem Fund gelegentlich des Eisenbahnbaues 1861, auf dem Terrain des Vicus, gingen die Münzen bis Severus Alexander († 235) herab. Aus Hansselmanns Angaben über seine Münzfunde, Beweiss I. 49—52, ist für diese Untersuchung nichts mit Sicherheit zu entnehmen. Dagegen waren in einer hiesigen Privatsammlung von römischen Münzen Oehringens und der Umgegend verhältnissmässig viele Münzen von den Tetrici (und Gallienus) und wieder besonders viele von Constantinus und seinen nächsten Nachfolgern, die späteste darunter von Constantius II. († 361). So wenig nun jemand muthmassen dürfte, dass die Katastrophe über RömischOehringen erst unter oder nach Constantius II. hereingebrochen sei, so wahrscheinlich ist dagegen die andere Hypothese, dass die verhältnissmässig vielen Münzen von Tetricus und Gallienus eben zur Zeit der Vernichtung unserer Niederlassung vergraben wurden oder sonst verloren gingen. Mögen auch später noch viele römische Münzen im Lande circulirt haben, namentlich in der ersten Hälfte des vierten Jahrhunderts, wo fast ununterbrochen Friede und Freundschaft zwischen Alamannien und dem römischen Kaiser bestand und mancher Germane römischen Sold zu erwerben begehrte: in die wüsten Räume unseres abgebrannten Vicus scheint sich keine verirrt zu haben. Was die römischen Niederlassungen der Umgegend betrifft, so gingen die Jagsthäuser Münzen einer Privatsammlung, gleichfalls wie die Oehringer von 1861, bloss bis auf Severus Alexander, während eine zweite reichhaltigere Sammlung (von 32 Silber- und 41 Erzmünzen) solche bis Philippus Arabs († 249) aufweist. Bei den »Burgwiesen« zu Weislensburg, ⁵/₄ Stund. von Oehringen, wurden ein Caracallusdenar und ein Hadrian in Grosserz gefunden, in dem römischen Hofgut zu Rückertshausen, ⁷/₄ Stund. von Oehringen, 2 Antonine (Erz); zu Verrenberg, ¹/₂ Stund. von Oehringen, wo übrigens keine Spur römischer Niederlassung nachweisbar ist, ein Caligula (Erz); zwischen Adolzfurt und Geddelsbach, unweit dem wahrscheinlichen Fundort des Unterheimbacher Nymphensteins, 1 Stunde von Oehringen, ein Marc Aurel (Erz); im römischen Castrum zu Mainhardt neben einem schönen Gefäss aus Terra sigillata ein Antoninus Pius (Silber); auf dem Gögelhof, ¹/₂ Stunde westlich von Steinbrück und dem Limes, eine Goldmünze des Nero. Diese Betrachtung wird zeigen, dass wo nicht ein vollständiger Schatz, sondern nur einzelne Münzen ausgegraben werden, das gewöhnlich kleine Prozent derjenigen Münzen, die zuverlässig innerhalb der zerstörten römischen Schanzen gefunden wurden, kein ausreichendes Mittel ist, um die definitive Zerstörung der römischen Niederlassung bald nach der Prägezeit der jüngsten dieser authentischen Münzen anzusetzen. Die Vernichtung unseres Vicus scheint mir vielmehr wegen der oben angeführten Tetricusmünzen erst in die Zeit des Tetricus II. gesetzt werden zu müssen. Das Aufhören der späteren, wohl aus der Umgegend stammenden Münzen mit Constantius II., ein auch anderwärts bemerkliches Datum für das Ende von Münzfunden im früheren Decumatland (cf. Gok, röm. Alterthümer und Heerstrassen 56), wird mit dem Feldzug Julians nach Capellatium zusammenhängen, wobei unsere Gegend wieder alle Schrecken des Krieges und der Verheerung auszustehen hatte.

schriften des Trebellius Pollio [Gallieni duo c. 16, 1 Peter; ebenso c. 21, 1 Peter: nunc transeamus ad viginti tyrannos], 19 Tyrannen zählt v. Wietersheim, Geschichte der Völkerwanderung IV 489). Damals verwüsteten die Gothen Kleinasien und Griechenland 10 Jahre lang; in Rom selbst grassierte die Pest, so dass an Einem Tage gegen 5000 Menschen starben; Noricum, Rätien, Vindelicien, das Decumatland, Helvetien, der grösste Theil Galliens, selbst Spanien wurden von den Deutschen greulich verwüstet, Markomannen und Alamannen brachen wiederholt in Oberitalien ein und konnten nur durch die äussersten Anstrengungen der Römer wieder hinausgeworfen werden; Gegenkaiser erhob sich auf Gegenkaiser, sechzehnjährige Knaben, intriguante Frauen, alles wollte commandiren, niemand gehorchen, in der Armee war die vollendete Zuchtlosigkeit eingerissen. Tetricus regierte von 267 oder 268 bis 271 in Gallien und Spanien und da die hiesige Landschaft von Gallien aus verwaltet wurde, war ihr Schicksal sicher mit dem des Tetricus verknüpft. Um dem rechtmässigen Kaiser Aurelian entgegentreten zu können, zog Tetricus, der gallische Usurpator, während der letzten Zeit seiner Regierung, seine besten Streitkräfte in Gallien zusammen, und er wird namentlich das für ihn ziemlich werthlose Decumatland von Truppen entblösst haben, wie er es auch allem Anschein nach mit Helvetien gemacht hat. Während sich nun in der Ebene von Chalons a. 271 Tetricus und Aurelian eine Entscheidungsschlacht lieferten, wobei natürlich auf beiden Seiten Massen deutscher Söldner fochten, hatten Markomannen und Alamannen den Limes durchbrochen und hausten raubend, brennend und mordend in den schutzlos gelassenen Ländern, bis endlich Aurelian unter Beihilfe des Himmels, wie die abergläubischen Leute wähnten,[1]) bei Mailand ein grosses Heer der germanischen Mordbrenner vernichtete. Das Jahr 270, vielleicht ein Jahr früher oder später, ist als Todesjahr des Vicus Aurelii zu betrachten.[2])

Den gefundenen Römerresten nach muss der Vicus eine grosse Ausdehnung gehabt haben, um ein namhaftes grösser, als die heutige Stadt; das hat übrigens nichts auffallendes, weil auch sonst die römischen Festungen in Vergleich zu den mittelalterlichen befestigten Plätzen häufig einen viel grösseren Umfang zeigen.[3]) Die sicheren Spuren einst zusam-

---

1) Nach Vopiscus Aurelian. c. 21, 4 wurden die Barbaren monstris quibusdam speciebusque divinis inpliciti.

2) Die späteste datierbare römische Inschrift aus Württemberg ist die von Lonsee aus der Zeit des Gallienus, württembergische Jahrbücher 1835, S. 36. 37. Oberamtsbeschreibung von Heidenheim S. 115.

3) So befinden sich nach Haller, Helvetien unter den Römern II, 384: »inner dem Bezirke des ehemaligen Platzes [von Vindonissa] nebst dem Dorfe Windisch auch noch Oberburg, Altenburg, Hausen, das Städtchen Bruck und das Kloster Königsfelden diesseits und Gebistorf jenseits der Rüss.« Die Stadtmauer von Aventicum »hielt mehr als eine Stunde im Umfang [nach Ritter sogar im Durchmesser] . . . der Hügel, auf welchem jetzt das Städtchen Wiflisburg oder Avenches gelegen ist, lag damals innerhalb der Stadtmauern« Histor. Verein von St. Gallen, die Schweiz unter den Römern S. 11. Das Dorf Eschenz befindet sich »inner dem Umfang von Gaunodurum« Haller, Helvetien unter den Römern. II, 135. Ebenso verhält es sich mit Vitodurum und Oberwinterthur, Noviodunum und Nyon u. s. w. Die

menhängender römischer Befestigungen sind bei Oehringen in der Diagonalrichtung fast eine halbe Stunde auseinander. An der Nordseite lässt sich der Lauf der umschliessenden Mauer mit ziemlicher Sicherheit nachweisen, an der Westseite lässt er sich vermuthen: offenbar bildete die Befestigung ein unregelmässiges Vieleck mit möglichster Ausbeutung localer Vortheile, der hohen Lage, der Krümmungen der Ohrn, des Ochsensees und des Limes. Erwägt man die Bedingungen einer Festung, wie sie von den Kriegsschriftstellern aufgeführt werden, so war Oehringen ein Platz von bedeutender Festigkeit. Urbes atque castella, sagt Vegetius epitoma rei mil. IV 1, aut natura muniuntur aut manu *aut utroque, quod* firmius ducitur; natura aut *locorum edito* .vel abrupto aut *circumfuso* mari *sive paludibus vel fluminibus; manu fossis ac muro*. Die Gräben lassen sich noch vielfach bemerken und von den Mauern auf den Burgen fördert noch jede tiefere Umgrabung der Aecker eine Menge Ziegel zu Tage: sie sind ganz gleichartig z. B. den Mauerziegeln von Vindonissa, die ich mir bei Grabarbeiten daselbst persönlich geholt habe. Den Nordrand schützte die natürliche Lage, da der Berg oder das schiefe Plateau, auf dem die Bürgen sich befinden, theils mehr theils weniger schroff gegen den nun ausgetrockneten Ochsensee abfällt. Der West- und Südrand des eben nach diesen Richtungen hin sich abdachenden Plateaus war durch die Ohrn geschützt, deren tief eingeschnittene Ufer den Uebergang vielfach schwierig machen. Gegen Westen diente der Limes als Bollwerk, der in gerader Linie von Mainhardt bis Jagsthausen laufend in nächster Nähe von Oehringen die Ohrn überschritt. Murrhardt, Mainhardt, Oehringen, Jagsthausen, Osterburken liegen in ziemlich gleichen Abständen, je ungefähr 3 Stunden hintereinander am Pfahlgraben hin: [1]) Murrhardt, Oehringen und Osterburken offenbar als Hauptfestungen, Mainhardt und Jagsthausen als Nebenplätze; in beiden letzteren Orten, die wir füglich Forts werden nennen dürfen, stand je eine Cohorte der XXII. Legion, in Mainhardt eine Cohorte Asturier, Hansselmann, Beweiss etc. I. tab. VIII 1. C. I. Rhen. 1621. 1625; in Jagsthausen die erste Cohorte der Germanen, C. l. Rhen. 1608. 1610. Von dem römischen Grenzwall, der anderwärts Teufelsmauer,[2]) bei uns Pfahldöbel d. h. Pfahlrain, oder auch bloss der Döbel genannt wird,[3]) haben sich noch heute bei dem nach ihm

---

römische Niederlassung bei Köngen am Neckar war ungefähr 200 Morgen gross. Jahrb. d. Alterthumsv. im Rheinl. X 50.

1) Das war auch sonst die Distanz bei systematischen römischen Ansiedlungen. »An den Flüssen finden wir ferner von 3 zu 3 Stunden eine grössere Ansiedelung« Jahrb. des Alterthumsv. im Rheinl. III 79.

2) Vgl. z. B. Döderlein. Pfahlheck S. 30. 31. Zeiller, topograph. Ducatuum Brunsvic. et Lüneb. p. 31. Hier zu Lande habe ich nicht ermitteln können, dass das Landvolk den Limes oder sonstige römische Befestigungen von sich aus (d. h. ohne Einwirkung von Schulmeistern, Pfarrern oder Alterthümlern) Teufelsmauer benenne. Dagegen weist die römische Niederlassung bei Beckingen den gleichbedeutenden Namen Cuculimur, Cuculi murus, Kukuksmauer, auf; bis jetzt erklärt aus dem Keltischen (!) als Mauer der Hochwache. Dass besonders das schwäbische Volk in vielen Fällen den Kukuk statt des Gottseibeiuns nennt, ist bekannt; vgl. übrigens im allgemeinen Friedreich, Symbolik und Mythologie der Natur S. 533 sq.

3) Döbel oder vielmehr Debel — weil überhaupt das Volk statt ö e spricht — nennen die Leute allgemein die Fragmente des Limes bei Pfahlbach, ebenso heisst eine in der Richtung des Limes länglich

benannten Dorfe Pfahlbach, 1 Stunde von Oehringen, ansehnliche Trümmer erhalten, die aber leider mit jedem Jahrzehnt mehr zusammenschmelzen. Ich will desswegen Hansselmanns Worte beisetzen, damit man erkennt, wie viel vor 100 Jahren [a. 1768] davon noch erhalten war. »Dieses aber, nemlich Pfahlbach, nordwärts eine Stunde von hier ohnfern dem dahin sich ziehenden annoch bey uns so genannten Pfahldöbel, gelegen ist, welches recht ansehnliche Stück des valli bey 3000 Schritt lang ist und, nebst noch mehreren von einer Distanz zur andern sich zeigenden merkwürdigen Stücken sothanen valli, sich nordwärts gegen den Kocherfluss zuziehet, über welchen bis an die Jagst, gegen Jagsthausen zu, sich ebenfalls Trümmer von dem durchbrochenen vallo finden lassen; Alles aber, was ich mir jetzo weiter zu beschreiben vorgenommen habe, lässet sich in einer geraden Linie, von vorermeldtem vier Stund von hiesiger Stadt Oehringen südwärts gelegenen Hohenlohischen Amtsort Mainhard an, hier vorbey bis an den Kocher und von da weiter bis an die Jagst antreffen.« Hansselmann, Beweiss etc. I, 68. Diese mauerartige, in hohem Erdwall eingerammte, vorn durch einen Graben, hinten durch Wachposten geschützte Pallisadenreihe [1]) hat als Alarm- und Vertheidigungslinie fast zwei Jahrhunderte lang ihrem Zwecke genügt; und als die Römer schon 100 Jahre aus der Gegend vertrieben waren, führte sie von diesem imponierenden Pfahlwerk den Namen Gepfähle oder Pfahl: »regionem cui Capellatii [ka-pâli] vel Palas nomen est, ubi terminales lapides Alamannorum et Burgundiorum confinia distinguebant« sagt Ammianus Marcell. XVIII 2, 15 vom Jahre 359, vgl. v. Stälin, württembergische Geschichte I 128. Bacmeister, alemann. Wanderung. 58. Wegen Ammian. XXVIII 5: [Burgundii] *salinarum* finiumque causa *Alamannis* saepe iurgabant« muss die Regio in hiesiger Gegend gesucht werden. Niemand wird sich wundern, dass noch jetzt die in den Flurnamen, Markungsgrenzen u. dgl. steckende Tradition den einstigen Lauf des Pfahldöbels mit ziemlich grosser Sicherheit fast von Mainhardt bis Jagsthausen verfolgen lässt. Hansselmann sagt, Beweiss etc. I 73: »Wenn man von Mainhard weiter bis wieder gegen hiesige Gegend, und zwar anfänglich auf den 2 Stund davon noch zu dasigem Amt gehörigen Ort Gleichen fortrückt, so trifft man in schnurgerader Linie bis dorthin nicht nur einen über Wälder und Felder sich ziehenden Graben, sondern auch neben und

---

und schmal hinlaufende Flur zwischen Oehringen und Gleichen »uf'm Debele« und ein einzelstehendes abgegangenes Haus bei Mainhardt, gleichfalls am Limes, führte den Namen »Debelhütte«.

1) Der jetzt noch erhaltene Limes bei Pfahlbach besteht bloss aus Lehmerde; nur an einer Stelle fand ich oben einen grossen viereckig behauenen Sandstein, vielleicht von einem Wachhäuschen. Auf dem Rücken des 7—9' hohen und mehrere Fuss unter die jetzige Bodenfläche reichenden Walls läuft ein Einschnitt von 1—1½' Tiefe; hier mochten einst die Pallisaden eingerammt gewesen sein (stipites magni in modum muralis saepis funditus iacti atque conexi Spartian. Hadrian. c. 12). Die Erde zu dem Wall wurde auf der Ostseite ausgegraben, so dass gegen die Feinde zu ein Graben entstand und das Ganze im Durchschnitt nebenstehende Form hat.

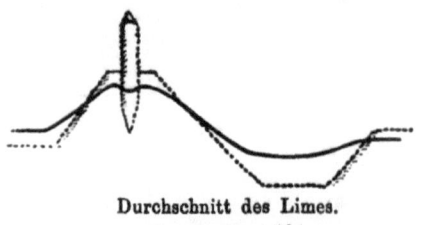

Durchschnitt des Limes.
⊢――――⊣ = 10'

bey solchen die merklichste Spuren von dem römischen vallo oder der sogenannten Teufelsmauer, wie es die nahe dabey wohnenden Leute selbsten zum Theil nennen, an.« Jetzt führen die daselbst mehr als eine Stunde und auch noch südlich von Mainhardt etliche Stunden weit ausgedehnten Spuren den Namen Säugraben;[1]) und der nördlich von Mainhardt liegende Weiler Steinbrück, wo weder Brücke, noch Bach, noch Klinge zu sehen ist, hat seinen Namen schwerlich von etwas anderem als vom Römerwall. Ihm gegenüber ist das Streithaag, d. i. Verschanzung, um welche einst gekämpft ward. Zwischen Gleichen und Oehringen schneidet und streift die Linie des zum Theil noch sichtbaren, auch auf der Flurkarte verzeichneten Grabens die Fluren Schanzwiesen, Maurer, auf'm Döbele [»auf dem Pfahl« im Eichstädtischen, Döderlein, Pfahlheck S. 23], Heuberg [= Höhburg?], Wachholder [= Wachhalter, dialektisch; ein Wachholderhof ist zwischen Mainhardt und Murrhardt am Säugraben], Hainenberg [Heunenberg], Hainenklinge, Hungerfeld [vgl. Regensburger Glosse aus dem XII. Jahrhundert in Roths Denkmälern der deutschen Sprache, München 1840 p. XII: Huni = vvnger], Rain, wüster Rain, Cappelrain. Hunnen oder Heunen, woraus dialektisch Hainen und Hahnen wurden, setzten die alamannischen Ansiedler in zahllosen Fällen, wo eigentlich die Römer zu nennen waren; so haben wir z. B. bei Badenbaden, Aurelia Aquensis, einen Hahnbuckel, Hahnhof und Hungerberg, Huhn, Badenbaden S. 52. Namentlich zu beachten ist auch noch eine kleine, schmale, sonderbar geformte, ganz an die muthmassliche Linie des Limes stossende und schwerlich anders als aus seiner Existenz erklärbare Flur »Stiftsbänder«. Sie unterscheidet sich der Figur nach vollständig von ihrer Umgebung, wo die Gewendte ganz anders laufen, und hat nebenstehende Form:

Oehringen M ⟨ $\overset{m}{\underset{\underset{m'}{l}}{L}}$ ⟩ Cappel

m L l m[1] = Limes, m L M l m[1] = Markungsgrenze zwischen Oehringen und Cappel. Dies scheint bloss dadurch erklärlich, dass trotz des Uebergreifens der Cappler Markung über den Limes an dieser Stelle der Limes doch noch seine Kraft als Grenzmarke wenigstens soweit ausübte, dass die Flur nicht über ihn herübergreifen durfte, sondern das jenseits des Limes gelegene unbedeutende und unförmliche Stück Feld eine besondere Flur für sich bilden musste, deren Grenzscheide gegen die übrigen Cappler Fluren die Limeslinie blieb. An der Ohrnkrümmung bei Oehringen, wo der Limes nach dem Lineal übersetzen musste, trifft man noch die Spuren einer einstigen Vermauerung der Stelle mit Sandstein. Eine ziemliche Strecke rechts und links von der Ohrn ist der Lauf des Pfahlgrabens durch die Markungsgrenze zwischen Oehringen und Cappel bezeichnet, wie auch an der Stelle bei Pfahlbach, wo der Limes noch erhalten ist, die Markungen von Westernbach und Pfahlbach zusammenstossen. Auf dem rechten Ufer erscheinen quer in die übrigen

---

1) So im Volksmund; auf der amtlichen Flurkarte veredelt in Schweinsgraben, vgl. Saustrasse in Bayern = Römerstrasse, Stälin, württemb. Geschichte I 97. Zunächst ist Säugraben eine Art Euphemismus für Teufelsgraben; in den Legenden beugen sich vor den Heiligen Schweine als Symbole des Dämonischen, Friedreich, Symbolik und Mythologie der Natur 444.

Fluren der Länge des Limes nach eingestreut die »langen Gewendte.« Gehen wir dann direct auf Jagsthausen los, so treffen wir ausser den bedeutenden Resten des Pfahlgrabens und Walles auf und hart an unsrem Wege eine alte Strasse, Schildwache, Hungerberg, Kreuzstein, Pfahläcker, Schildwache, in der Wach, Jonasfeld, [1]) Pfahldöbel, Burgwiesen, dann kommt Pfahlbach (schon a. 795 in pago Cochengowe in loco Phalbach, Bacmeister, alem. Wander. 58), dann bei Sindringen von der Flur »Eisenhut« [d. i. Platz, wo man Eisenreste findet], bei Jagsthausen vom »Altenberg« [Berg = Burg, sehr häufig im hohenlohischen Dialekt] begleitet, die lang sich hinziehenden Pfahläcker [Pfahläcker auch im Eichstädtischen Döderlein, Pfahlheck S. 23], die auch nordöstlich von Jagsthausen wieder erscheinen. [2])

Die Einwohnerschaft des Vicus Aurelii bestand natürlich fast bloss aus Soldaten und deren Familien. Diese gehörten anfangs zur VIII., [3]) später zur XXII. [4]) Legion. Die Hauptstadt und Residenz des Stabs, in der letzten Zeit des Vicus zugleich die Residenz des Dux limitis transrhenani, war Mainz. Den Oberbefehl im Städtchen führte natürlich ein Offizier von einigem Rang, nach 2 Inschriften ein Excornicular, d. i. früherer Auditor oder Adjutant des Generals oder Legaten [in Mainz] C. I. Rhen. nr. 1559. 1560. Ihm waren eine Cohorte Helvetier und aurelianische Brittonen »coh. I. Helve et Brit. Aure« (nr. 1559) untergeben, also Truppen, die ursprünglich in der Schweiz und in Britannien [5]) (noch genauer in Schottland) rekrutirt wurden; auf andern Inschriften oder Ziegelstempeln erscheint ebenfalls diese offenbar von Beckingen hieher verlegte Cohors prima Helvetiorum (nr. 1560. 1563 c—d.); die in nr. 1559 erwähnten Brittones Aurelianenses dagegen sind etwas unklar, [6])

---

1) Wahrscheinlich aus Misdeutung eines heidnischen Bildwerks, das einen Gott und einen Delphin vorstellt, entstanden.

2) Bei der Aufzählung der einschlägigen Flurnamen habe ich absichtlich den Flurnamen Wallreffen bei Oehringen übergangen, welcher gewöhnlich sehr mit Unrecht auf den Römerwall bezogen wird. Er rührt nämlich von einer bedeutenden Oehringer Bürgerfamilie Wallreff her. Auch Walldüren am Limes hat nicht vom Römerwall seinen Namen, für welchen, wie oben erwähnt, die Deutschen schon seit dem vierten Jahrhundert den Namen Pfahl festhielten — sondern von den Wallfahrten. Ganz falsch und gegen die Aussprache des Volks ist die durch gelehrte Deutelei aufgebrachte Schreibung Waldreffen (so auch auf der amtlichen Flurkarte, angeblich = Waldtraufe!): der nächste Wald ist eine starke halbe Stunde weit weg.

3) C. I. Rhen. nr. 1554 Steinschrift beim Orendelstein gefunden; Legionsziegel C. I. Rh. nr. 1563 nach Hansselmann, Beweiss I 39, auf der untern Bürg als Grabplatte gefunden [nach dem Kirchberger Katalog auf der östlichen Seite der Stadt], aufbewahrt in Kirchberg a/J. — was ich mit Beziehung auf Haugs Frage (röm. Inschr. von württ. Franken 46) anfüge.

4) Gestempelte Ziegelplatten dieser Legion sind nach Hansselmann, Beweiss II, tab. XII. XIII. zusammengestellt und besprochen bei Haug, röm. Inschr. von württ. Franken S. 46. 47. Sie sind sehr verschieden unter einander hinsichtlich der Zeichen (Capricornus, Donnerkeil, Mond u. a.) und der Art, wie der abbreviirte Titel der legio XXII. primigenia pia fidelis angebracht wird. Jetzt sind sie zu Kirchberg.

5) Dass die Brittones nicht Bretagner waren, wie Lersch will Jahrb. der Alterth. im Rheinl. IX 67—72, geht aus den Beinamen Caledonii und Triputienses aufs schlagendste hervor.

6) Ganz zweifelhaft bleibt die Inschrift einer Ziegelplatte BALR N/R C. I. Rhen. nr. 1563 e. Von dieser durch Hansselmann als balneum restauratum interpretierten Inschrift konnte ich unter den

sonst, nr. 1563 d., tritt ein Numerus Brittonum Cal(edoniorum) und ein Numerus Brittonum M. . . [1]) auf, letzterer offenbar identisch mit den früher zu Beckingen garnisonierten Brittones Mu . . . nr. 1592. Möglich, dass der Numerus Brittonum Caledoniorum die ursprüngliche Besatzung des Orts bildete, durch die Verlegung der Beckinger Garnison dann ein zweiter Numerus Brittonum, mit dem Beinamen Mu . . . hinzukam und dann nach Erhebung des Ortes zum Vicus Aurelii beide Numeri Brittonum Brittones Aurelianenses genannt wurden; wie auch zu Augsburg, Augusta, eine Ala Augusta lag, Hefner, römisch Bayern [3] nr. CLXXX. Numerus ist ein Manipel Grenzsoldaten, also die Unterabtheilung einer Cohorte oder Ala, Chrysostom. ed. Montfaucon t. IX 177: $\sigma\pi\varepsilon\tilde{\iota}\rho\acute{\alpha}$ $\dot{\varepsilon}\sigma\tau\iota\nu$, $\mathring{o}$ $\varkappa\alpha\lambda o\tilde{\upsilon}\mu\varepsilon\nu$ $\nu\nu\nu\grave{\iota}$ $\nu o\acute{\upsilon}\mu\varepsilon\rho o\nu$; vgl. auch Becker-Marquardt, Handb. der röm. Alterth. III. 2, 391. Probus vertheilte 16,000 alamannische oder germanische Rekruten in den verschiedenen Provinzen, ita ut numeris vel limitaneis militibus quinquagenos et sexagenos intersereret. Vopisc. Prob. c. 14, 7. Von den Helvetiern wissen wir weiter nichts, als dass sie zur VIII., späterhin wohl zur XXII. Legion gehörten, früher, mindestens bis 148 (nr. 1583), in Beckingen lagen und keltische Götter verehrten (vgl. Haug, röm. Inschriften in württemb. Franken S. 13—15). Die Brittonen dagegen gehörten zu den beliebtesten Milites limitanei. Wir finden eine Cohorte in Noricum (Katancsich I 307 nr. 26); zuverlässig lag die Cohorte III Brittonum am 1. Dec. 211 zu Eining bei Abensberg (bei Regensburg; Hefner röm. Bayern [3] S. 47—49). Dann kommen die Oehringer Numeri und der von Beckingen und weiter nördlich der Grenze entlang zu Schlossau (C. I. Rhen. nr. 1732), zu Amorbach (C. I. Rh. nr. 1745) und Eulbach (C. I. Rh. nr. 1394) Brittones Triputienses (von Triputium oder Tripontium [2]) bei Rugby in Brittanien), bei Aschaffenburg ein Numerus Brittonum et exploratorum Nemanincensium C. I. Rh. nr. 1751; Brittones Curvedenses lagen zu Heddernheim

übrigen Hansselmannischen Sachen zu Kirchberg nichts entdecken. Mommsen und Brambach halten das L in BALR für falsch gelesen und beziehen die Inschrift auf die Brittones Aurelianenses. Es ist mir nicht unwahrscheinlich, dass Hansselmann selbst noch die Entdeckung machte, dass er das V für L gelesen, und dass er dann theils aus falscher Scham, theils aus Aerger, weil die Inschrift ihm nun ganz unerklärlich blieb und jedenfalls für das an der Fundstelle aufgegrabene Bad nichtsbeweisend war, absichtlich vernichtet hat. Vielleicht war auch die ganze Inschrift ein einfacher Betrug, gleich seinen sämmtlichen eingeritzten Inschriften des II. Bandes.
1) Der räthselhafte, auf der Untern Bürg gefundene Ziegelstempel lautet:

NVM · B · M
S · V · C · V

Er ist noch unerklärt (Haug a. a. O. S. 48) und bedeutet vielleicht (?): numerus Brittonum M... sucura (für sub cura vgl. Jahrb. der Alterth. im Rheinl. XLI, 154) ·Vaterculi (Vaterculus Proculus hiess der Centurio, unter dessen Befehl, cura, das hiesige oder ein hiesiges Befestigungswerk vollendet wurde C. I. Rh. nr. 1554, besprochen weiter unten). Hinsichtlich der nach unserer Auffassung mitten in dem Wort sucura angebrachten Punkte kann man die auf Tafel II. phototypirte Minerveninschrift des Faustius Faventinus vergleichen. Bedenklich bleibt die Auffassung von V = Vaterculi.
2) Noch stärker ist die Romanisirung des keltischen oder urgermanischen Städtenamens Sumalocennae (Rottenburg) in Solicinium, schwächer die von Lopodunum in Lupodunum (bei Ausonius).

C. I. Rh. nr. 1455; ein Ordo Brittonum war zu Niederbieber C. I. Rh. 694 und zu Cöln C. I. Rh. 362; eine Vexillatio Britonum zu Holdreùt (Jahrb. d. Alterth. in den Rheinl. VII 61), Utrecht C. I. Rh. nr. 4 C. 26 und Nymegen C. I. Rh. nr. 139 h. Es lagen somit bloss Auxiliartruppen helvetischen und schottischen Ursprungs, die sich natürlich allmählich mit germanischen Elementen vermengten,[1]) in unsrem Städtchen. Dem freien Germanien gegenüber war wahrscheinlich keine so strenge Absperrung, wie diess bei Cöln z. B. der Fall war Tac. hist. IV 64: denn die Einfuhr des Salzes aus dem Kocherthale, von Weissbach bei Niedernhall und von Schwäbisch-Hall selbst, konnten die Römer schwerlich entbehren.

Eine ächt römische Cultur darf also im Vicus Aurelii nicht gesucht werden, sondern vielmehr eine keltisch-germanische mit römischem Firniss, und wie sie eben in Soldatenstädten möglich ist. Ausser dem Militärcommandanten, beispielsweise jenem oben erwähnten Excornicular, hören wir noch von einem Quästor oder Gemeindecassier (dergleichen z. B. auch vom Vicus Belginum Jahrb. der Alterth. im Rheinl. III, 49. 52, von Verona, Brixia u. a. bezeugt ist) C. I. Rh. nr. 1561 und von einem Collegium iuventutis, Genossenschaft der jungen Männer nr. 1551. Dieses Collegium errichtete 1. Nov. 222 ausserhalb der Bürgen (siehe den Plan) dem Kaiser Severus Alexander in tiefster Ehrfurcht (devotissimi) eine Ara; deren Widmungsschrift ich hier im Facsimile beifüge, weil auch noch im Corpus incriptionum Rhenanarum von Brambach die zu ergänzenden Buchstaben theilweise auf einer Seite gesucht werden, wo sie niemals gestanden haben können.[2])

1) Germanische Grabhügel der Umgegend, z. B. einer bei Offenau O/A. Neckarsulm, enthalten Urnenfragmente römischen Ursprungs und andere römische Sachen, Sammlung des württ. Alterthumsver. nr. 497, vgl. Schriften des fränkischen Alterthumsvereins 1863 S. 297 ff.

2) Die ausserhalb des erhaltenen Steines angegebenen Buchstaben sind theils durch Conjectur ergänzt (die punktierten), theils waren sie bei Auffindung des Steines a. 1783 auf einem jetzt verlorenen Fragment noch vorhanden, und zwar nach der Gestalt des Fragments in der oben angegebenen Lage, nicht, wie es im C. I. Rh. verzeichnet ist. Der Stein wurde bei Erbauung des von Porzigschen Hauses, wo jetzt das Kameralamt seinen Sitz hat, ausgegraben und von dem damaligen Gymnasiasten Weber, späteren Verfasser des »Demokrit«, sammt dem verlorenen Fragment skizzirt. Aus obigem, genauem Facsimile erhellt, dass das S von EIVS auf der viertletzten Zeile gestanden hat; zwischen den Schenkeln von V (Haug, Inschriften von württ. Franken S. 36) habe ich nichts von einem S bemerkt.

Nach Haug, röm. Inschriften von württ. Franken S. 36 = ⟨Jovi Optimo Maximo pro salute Imperatoris M. Aureli Sev⟩eri oder ⟨Genio domini nostri M. Aureli Sev⟩eri collegium iuventuti(s) devotissimi numini eius sacrant kal(endis) Nov(embribus) Imp(eratore) Severo Alexandro Aug(usto) cons(ule).
Solche Genossenschaften, angeblich zunächst zu dem Zwecke gegründet, ihren Mitgliedern gegen einen bestimmten Beitrag kostenfreie Bestattung zu sichern (Hirschfeld in den Götting. gel. Anz. 1870 S. 1112 f.), hatten jedenfalls einen gemeinsamen Gottesdienst, des Genius collegii iuventutis (Klein, röm. Mainz I, S. 9), verbunden mit festlichen Spielen, lusus (Mommsen, de colleg. p. V), eigene Fahnen, vexilla (Trebell. Gallieni duo c. 8, 6. Vopiscus Aurelian. c. 34, 4), und eigene Kasse, arca (Orelli inscr. 2414. 2417. 2145. 4549). In der Kaiserzeit war dieses Genossenschaftswesen fast in allen Provinzen verbreitet. Solch ein Zusammenhalten der Männer für Spiel und Ernst war in Oehringen um so mehr angezeigt, als ausser Jagd und Bad der Platz nicht eben viel Genüsse bieten mochte und auch das Klima unfreundlicher war als jetzt, schon in Folge der vielen Sümpfe und Wälder; die ältesten deutschen Epen, Beowulf, Heliand u. dgl. rechnen nach Wintern statt nach Jahren, und Rhein, Donau und Bodensee überzogen sich viel öfter als jetzt mit einer eisigen Decke.[1] Auf den Bergen der Umgegend, wo wir heute die trefflichsten Rebenhalden haben, wuchs damals noch keine Traube: denn von Domitian bis Probus, also während der ganzen Lebensdauer des Vicus war der Weinbau in diesen Ländern durch kaiserliche Satzung verboten, angeblich damit weniger leicht Krawalle entständen, in Wirklichkeit wohl mehr, damit Italien die gewinnreiche Weinausfuhr zufalle;[2] und auch für die spätere Zeit bleibt es ein Mythus, dass Probus und überhaupt die Römer Reben in Württemberg gepflanzt haben.[3] Bei der Ländertheilung a. 842 zwischen Karl dem Kahlen, Ludwig dem Deutschen und Lothar erhielt nach Regino ad h. a. Ludwig der Deutsche Speyer, Worms und Mainz um des Weinbaus willen, weil damals noch kein Wein rechts vom Rhein wuchs, Hansselmann, Beweiss etc. I 150. So wird denn der Wein im Vicus theuer und spärlich gewesen sein; aber die Fragmente von Amphoren aus den beiden hiesigen Bürgen (Kirchberger Samml. und in meinem Besitz), vom benachbarten Oedheim (in der Staatssamml. vaterländ. Alterthümer zu Stuttgart) und Jagsthausen (Festsche Sammlung),[4] der weinlaubbekränzte bronzene Silen von ebendaher, dann überhaupt die im ganzen Decumatland verstreuten Amphoren und Amphorenfragmente zwingen jedenfalls zu dem Schlusse, dass der Rebensaft auch im Vicus Aurelii nicht ganz unbekannt war. Wie unbedeutend auch im übertragenen Sinn der Dienst des Bacchus im Decumatland war, geht daraus hervor, dass keine einzige Inschrift

---

1) Vgl. u. A. Jahrb. des Alterthumsver. im Rheinl. IV 123 f. v. Wietersheim, Geschichte der Völkerwand. III 395.
2) Aus diesem letzteren Grund verboten auch die Franzosen im vorigen Jahrhundert ihren nordamerikanischen Provinzen den Weinbau.
3) Vgl. Düntzer in den Jahrb. des Alterthumsver. im Rheinl. II 32.
4) Auch Osterburken könnte erwähnt werden, von dem sich grosse Amphorentrümmer in der Sammlung des Vereins für württ. Franken finden.

dieses Gottes gedenkt.[1]) Statt des Weins mussten sich die Soldaten mit dem Bier begnügen, dem echten keltischgermanischen Gerstensaft, der in der ganzen Kaiserzeit, von Tacitus bis Julian (Anthol. Gr. IX 368) — stets mit Verachtung — erwähnt wird. Und zu diesem zweifelhaften Getränke kam ein harter Dienst: ausser dem eigentlichen Kriegsdienst mit Wachstehen, Exerciren und Kämpfen waren Ziegel zu brennen, Mauern und Häuser, Thürme und Thore, Brücken, Brunnen und Strassen zu bauen, die Post zu versehen u. s. w. und das alles unter der Zuchtruthe einer oft barbarischen Disciplin, wo Officiere gesteinigt und gekreuzigt und Soldaten lebendig in Thierhäute genäht wurden. Wie werden sich die Soldaten gefreut haben, wenn sie hinaus durften aus dem Banne der Festung ins freie frohe Reich der Diana! Auf den hiesigen Vasenfragmenten, ebenso auf denen von Jagsthausen und Osterburken, sowie auf den Steinreliefs von Hölzern und Neuenstadt, sehen wir Jagden aller Art dargestellt: speerbewaffnete Männer mit verschiedenrassigen Hunden verfolgen Hirsche, Rehe und Wildschweine (Abbildungen bei Hansselmann, Originale in Kirchberg). Von oben scheint die Liebhaberei begünstigt worden zu sein (vgl. Capitolin. Maximin. c. 8, 4: solis venationibus legiones frequenter exercens) und namentlich die Officiere werden hier so gut als anderwärts[2]) der nobeln Passion des Waidwerks gehuldigt haben. Rings um den Vicus waren grosse Urwälder, wie sie ja selbst in der Nähe der Kaiserresidenz Trier bezeugt sind (Auson. Mosell. 5. 6). Als unsere Flurnamen geschaffen wurden, lag Oehringen am »grossen Walde« Meginhart — woher noch das benachbarte Mainhardt seinen Namen hat — und in der Mitte des Ohrnwaldes, wo noch da und dort Elennthier[3]) und Wisent[4]) gehaust haben werden, während an Fluss und Bach wilde Schwäne[5]) und Gänse

---

1) Selbst das Denkmal von Lindau am Bodensee, wo »Bachus« erwähnt wird, Hefner, röm. Bayern 3 nr. XCIV, ist sicher eine Fälschung.

2) Vgl. die Votivinschrift eines römischen Reiterpräfecten Silvano invicto wegen des Fangs eines ausserordentlich grossen Ebers in Northumberland. Lambé, exact and circumstantial history of the battle of Floddon p. 67.

3) Diese treten, immer in auffallend kleiner Zahl, als Sinnbilder Deutschlands bei vielen Triumphen der Kaiserzeit auf, so bei Aurelians Triumph über Tetricus. Lenz, Zoologie der alten Griechen und Römer S. 216 glaubt zwar, das Thier sei »in den Gegenden Germaniens, in welche die Römer vordrangen, nicht heimisch« gewesen. Doch dürfte Elchingen auf dem Härdtfeld bei Ulm, also diesseits des Limes, durch seinen Namen anzeigen, dass das Elennthier oder der Elch, ahd. elaho, elho, daselbst einst heimisch war. Noch im 10. und 11. Jahrhundert traf man es am Rhein, Ausland 1861 S. 1154.

4) Die Ortsnamen Wiesenbach O/A. Gerabronn, Wiesentheid und Wiesenfeld im bairischen Franken, Wiesensteig (Wisontes steiga) bei Geisslingen wird man vielleicht sämmtlich als Belege für das Vorkommen des Wisent zur Zeit der Alamannen geltend machen können. Noch zu Vegetius Zeit hatte die römische Feldmusik Auerochsenhörner im Gebrauch (milit. III 5), cornua ex uris agrestibus, und noch im mitteldeutschen Rosengarten führt Hagen oben ûp sînem houpte zwei güldîn wisants horn, W. Grimm, Deutsche Heldensage S. 253. Häufig unter den schweizerischen Pfahlbauresten, Ausland a. a. O.

5) Für die Mosa ist der Schwan bezeugt, wie auch »ganta« durch Venantius Fortunatus miscell. VII 4, 11; Reste des wilden Schwans hat man an der Schussenquelle in Oberschwaben gefunden (im Stuttgarter Naturaliencabinet). Von den Gänsen sagt Plinius hist. nat. X. 53: candidi ibi (= in Germania). verum minores, gantae vocantur, pretium plumae eorum in libras denarii quini, et inde

nisteten. Hirsche, Wölfe, Wildschweine, Bären und Biber gab es nicht wenig, das sehe wir aus den Dörfern Klein- und Gross- und Löschenhirschbach, Beringen (jetzt Bieringen, Kausler, württemb. Urkundenbuch II 457), Wölfingen (Vulfinga, abgegangener Ort O/A. Oehringen Kausler württ. Urkunden II 437), Bibersfeld und Biberach (schon a. 827 bei Heilbronn, Bacmeister, alem. Wanderung. 105); ferner aus den Berg-, Fluss-, Wald- und Feldnamen (grosser topograph. Atlas v. Württemberg): Hirschberg (mehrfach), Biber oder Biberst, Beerberg, Bernbach, Bärenbronn, Sauhölzle, Säugraben, Wolf, Wolfsäcker (mehrfach) Wolfsbühl und Wolfsklinge.[1]) Wildschweine, geräuchert und ungeräuchert, galten als delicates Essen (cf. Spartian. Verus c. 5 und sonst oft; Lauchert, das Waidwerk der Römer S. 17), und ihre Zähne findet man fast in allen römischen und alamannischen Niederlassungen.[2]) Die Bären liess man in den »Bärlisgruben«[3]) oder Amphitheatern der grossen Städte, zu Vindonissa, Aventicum, Basel-Augst, Augsburg, Strassburg, Mainz, Trier, Cöln u. s. f. mit Auerochsen[4]) und anderen Thieren, oft auch mit Menschen kämpfen, und so gross war die Leidenschaft für diese Vergnügung, dass Salvian erzählt de gubernatione dei VI 15: nach der dritten Zerstörung von Trier, ums Jahr 408, während die Leichen von Männern und Weibern haufenweise nackt auf der Strasse lagen und von Vögeln und Hunden benagt wurden, während Verwesungsgeruch und Seuchen die ganze Stadt erfüllten, sei der Vorschlag gemacht worden, baldigst wieder die Schauspiele einzuführen, als sicherstes Mittel, der Stadt wieder aufzuhelfen. In Oehringen kann ich kaum glauben, dass derartige Lustbarkeiten aufgeführt wurden, wenn man gleich in diesem Jahrhundert auf der untern Bürg Bärenknochen gefunden haben will und die Stelle bei Hansselmann, Beweiss etc. II 134. 135 die Vermuthung fast aufdrängt, er sei ebendort auf Auerochsenknochen und -Zähne gestossen.

Spuren eines Amphitheaters hat niemand entdeckt, dagegen aber eines ansehnlichen Bades. Südlich vom jetzigen Orendelstein lag innerhalb einer Verschanzung aus Kalksteinen ein umfangreiches Hypocaustum (Hansselmann, Beweiss II 136. 138); sein Mauerwerk war

---

crimina plerumque auxiliorum praefectis a vigili statione ad haec aucupia dimissis cohortibus totis, eoque deliciae processere, ut sine hoc instrumento durare iam ne virorum quidem cervices possint. Die Ganta erwähnt auch Adso vit. sancti Walberti c. 5.

1) Auch Luchse gab es noch am Ende des siebzehnten Jahrhunderts im Hohenlohischen (Zeitschr. des hist. Vereins für württ. Franken 1868 S. 92).

2) Ein tüchtiger Hauer aus den Römerruinen Osterburkens ist in der Samml. des Vereins für württ. Franken; einer aus der röm. Niederlassung von Zazenhausen und solche aus den z. Th. römischen Pfahlbauten des württembergischen Bodensees in der Stuttg. Samml. vaterländ. Alterth.

3) Die Bärenloslassungsgruben — die Sylbe »lis« bezeichnet hier nicht das Deminutiv. Den Namen »Berlis- oder Bärlisgrub« für die Ruinen des Amphitheaters von Vindonissa unweit Königsfelden erwähnt Haller mehrmals, Helvet. unter den Römern I 148. II 380. 390. 391; Bacmeister, alem. Wanderung. 131. 132; vgl. auch der »Berlich zu Cöln und der Perlach zu Augsburg« in den Jahrb. des Alterthumsv. im Rheinl. XLII S. 64 ff.

4) Hörner von »Urochsen« und Bärenknochen will man in einem unterirdischen Gewölbe des Amphiteaters von Vindonissa gefunden haben. Haller, Helvet. unter den Römern II 391.

ganz massiv aus behauenem Sandstein, innen aber besonders auf dem Estrich waren Ziegel verwendet, die mit den Stempeln coh. Ī Hel und n̄. Brit. Cal. Hansselmann II 146) und B. AVR und A/R versehen waren (II 156, vgl. die Anmerkung S. 10), aus welch letzteren somit hervorginge, dass das Gebäude nicht wohl vor Caracallus errichtet sein kann. Es waren verschiedene Zimmer, alle tief in den Grund gelegt, mit Wänden aus behauenem Sandstein (II 139): dieser war nach innen mit Gyps überzogen und roth, grün, blau und gelb bemalt (II 157). Die Ausdehnung des Gebäudes von Ost nach West mass Hansselmann auf 82' 6" (II 138). Das Wasser wurde von der 400 Schritte weg am Limes gelegenen Ströllerquelle [nach Hansselmann, Beweiss II 140 in ausgehöhltem Sandstein] hereingeleitet und hatte seinen Abfluss in die ganz nahe Ohrn.[1]) Leider sind die Trümmer bei ihrer einzigen systematischen, aber unvollendeten Ausgrabung durch Hansselmann nicht daraufhin untersucht worden, ob man wirklich ein Bad, oder bloss ein Wohnhaus vor sich habe, weil damals jede unterirdische Heizeinrichtung ohne weiteres caldarium, Laconicum u. s. w. getauft und mit Benutzung der unterschobenen Malerei aus den Thermen des Titus (die auch Hansselmann wieder abzubilden nicht unterlassen konnte) als Schwitzbad interpretiert wurde. Doch sprechen die ganze Lage, die Wasserleitung, die Grossartigkeit der heizbaren Räume und der Luxus, mit welchem das Gebäude ausgestattet war,[2]) sehr stark für die Hypothese, dass hier das gemeinsame Bad der Besatzung entdeckt wurde, welches die auf den Ziegeln genannten Helvetier und Brittonen sich bauten. Keinenfalls kann man annehmen, dass die hiesige Garnison kein Bad gehabt habe; denn selbst die wenigen Truppen — eine Cohorte Germanen — in dem unbedeutenderen Jagsthausen besassen nachweislich ein gemeinsames Bad C. I. Rh. nr. 1608; und die Gegend, wo das beschriebene Hypocaustum gefunden wurde, war ausnehmend günstig für einen solchen Zweck gelegen. Gegen den Nordwind war es durch die auf der Nordseite im Halbkreis laufenden Mauern der Verschanzung (Hansselmann, Beweiss II 157) und durch die tiefe Lage geschützt; südlich, wo sich noch jetzt die schönsten Wiesen an der Ohrn hinziehen, mögen Spaziergänge gewesen sein, hin und wieder mit Statuen geschmückt; deren eine, ein Genius mit obstspendendem

---

1) Ein Wasserleitungsstück befindet sich im Museum zu Kirchberg unter den Hansselmannischen Sachen und zwar nr. LXVI: »eine eiserne Röhrenbüchse, womit die Röhren der Wasserleitung in das Laconicum zusammengefügt waren.« Dann nr. CXXVIII »eine kleine steinerne Rinne aus der Wasserleitung des Schweissbades« aus Sandstein. Eine gleichartige Wasserleitung in massiven Sandsteinen, welche mit einander durch eiserne und bleierne Büchsen verbunden waren, hat man auch beim Graben in der Hahnengasse gefunden. Bauführer Haug ist aber der Ansicht, dass die quer über die Hahnengasse laufende Wasserleitung viel späteren, städtischen Ursprungs sei. Dann hätte sich wohl auch Hansselmann getäuscht; denn die in meinem Besitz befindliche »Röhrenbüchse« aus der Hahnengasse ist vollständig gleich der nr. LXVI zu Kirchberg. Die fragliche sandsteinerne Wasserleitung soll auch sonst an vielen Orten der Stadt entdeckt worden sein und stammt vielleicht aus dem J. 1516 vgl. weiter unten. In Jagsthausen und den andern Niederlassungen des Decumatlandes pflegen die römischen Aquäducte gewöhnlich aus thönernen Röhren zu bestehen.

2) Bäder wurden mit Statuen geziert vgl. z. B. Quednow, Beschreibung der Alterthümer in Trier tabb. XV und XVI.

Füllhorn, zwar zertrümmert, sich noch gefunden hat;[1]) westlich gegen das Städtchen hin waren wohl Plätze zu Uebungen und dgl. Das Badgebäude selbst war mit allerlei Kunstwerken verziert, mit Säulchen und andern Ornamenten von gelber und röthlicher Terracotta (Hansselmann II 168); ferner fand sich eine sehr kleine Statuette der Venus (? — nackte liegende weibliche Person, Hansselmann II, tab. IX fig. 8) aus weissem Marmor (zu vergleichen das weisse Marmorbüstchen der Juno, bei Otterswang in Oberschwaben gefunden, Stuttg. Samml. vaterl. Alterth.), das Fragment einer bekleideten sitzenden Statue (Hansselmann II 168), ein Knabe von Bronze auf der Hand einer grössern Person sitzend, von einer Lucerna (II 167); auch Haarnadeln (II 164), ein Schreibgriffel (II 163) und einige Waffen (II 168) wurden ausgegraben, letztere wohl aus den Zeiten der Zerstörung;[2]) von Frescogemälden und Mosaik entdeckte man nichts. — Auf der Westseite mitten hinter der Mauer, von welcher das Bad schützend umgeben war, fand man, 60 Schritte vom Orendelstein (Hansselmann I 31) folgende Inschrift C. I. Rhen. nr. 1554: ped(atura) ·⟩· (= centuriae)[3]) Jul(ii) Silvani sub cura Vaterculi Proculi ·⟩· (= centurionis) legio(nis) VIII Aug(ustae) opus per(fecit); d. h. eine Abtheilung der Centurie des J. S. hat unter der Aufsicht des V. P., Centurios der VIII. Legion, das Werk (wahrscheinlich wie oft Befestigungswerk) vollendet; vgl. Jahrb. der Alterthumsfr. im Rheinl. XLI 154. Damit ist vielleicht die Verschanzung um das Bad herum gemeint: es ist eine Mauer von Kalksteinen 6' breit 5' tief, der innere Raum von West nach Ost 45° 4' 8" lang, von Nord nach Süd 30°, auch noch breiter (Hansselmann II 136). In westlicher Richtung über Gärten und Aecker, die schon zur Römerzeit Aepfel,[4]) Birnen und Kirschen,[5]) gallische Spargeln (Plin. hist. nat. XIX 145) und andere Gemüse, Rosen, Lilien, Krokus, Veilchen und Immergrün (vgl. Billerbeck, flora class. 45. 46. 60. 91) hervorgebracht haben mögen,[6]) kommen wir vorbei am Platze der

---

1) An der Südseite des Bads fanden sich die Trümmer einer lebensgrossen Sandsteinstatue Hansselmann, II 159—161: der unterste Theil des linken Fusses mit Sandalen bekleidet; der [nicht mehr vorhandene] Kopf und Fragmente eines Füllhorns mit zierlichen Aepfeln; auch von der Inschrift am Fusse die Buchstaben ·H·D·D· C. I. Rhen. nr. 1556. Die Vergleichung der bei Dorow, röm. Alterth. in und um Neuwied, tab. VIII abgebildeten Geniusstatuette aus Niederbiber und eines Geniusreliefs aus Eining (Hefner, röm. Bayern ³ S. 48 nr. XXXIV) — an welchen beiden Orten ebenfalls Brittonen lagen — macht wahrscheinlich, dass es einen Genius vorstellte. Weiter unten finden wir noch einen Geniustorso auf der Obern Bürg.

2) Eine neue Abbildung dieser aller Gegenstände war nicht der Mühe werth. Der bronzene Knabe ist aus der Kirchberger Sammlung verschwunden und befindet sich jetzt in Privathänden.

3) Vgl. Haug, röm. Inschriften von württ. Franken nr. 34 S. 40: Formen und Punkte der Abkürzungen sind übrigens hier von mir nach meiner eigenen Copie richtiger wiedergegeben.

4) Was sich gewiss aus dem Füllhorn des Genius Hansselmann II tab. IX fig. 6 schliessen lässt.

5) Nachweislich seit Tiberius am Rhein gepflanzt Plin. hist. nat. XV 103; vgl. Hehn, Kulturpflanzen und Hausthiere 292.

6) Vegetius empfiehlt milit. IIII 7 die Gartenpflege in befestigten Städten: ut hortorum cura in viridiariis domorum vel areis exerceatur, utilitatis ac voluptatis ratio persuadet.

Ara des Collegiums iuventutis, wo Reste von Opferkrügen, ein halbes Schlacht- oder Opfermesser und allerlei Knochen ohne Zweifel von Opferthieren in neuester Zeit ausgegraben wurden, und gelangen zu der quer von Nord nach Süden laufenden Hahnen- [Hainen- bei Hansselmann] d. h. Heunen- oder Römergasse, in deren Nähe wiederholt römische Münzen (von Vespasian und Trajan) und Häusertrümmer (mit Cement, Ziegel, Kohlen u. s. w.) gefunden wurden; der alte Name Gasse — zu einer Zeit, wo noch nicht einmal Häuser daran standen (denn dieser Theil der Stadt ist ganz jungen Datums) — weist auf den Römerweg hin, dessen sozusagen betoniertes Pflaster mit deutlichen Geleisespuren 6' unter dem Boden sich noch findet. In neuester Zeit wurde eine ziemliche Strecke blossgelegt und ich liess die Breite untersuchen, welche gerade 8' betrug. Das Pflaster bestand aus einer etwa 1½' tiefen Schicht von halbgrossen und kleineren Kalk- bisweilen auch Sandsteinen, welche durch eingegossene Backsteinmasse, auch durch Kalk aneinander gekittet und ausserordentlich schwer zum Zerschlagen waren. Unter den Ziegelscherben des Pflasters fand man auch dergleichen Fragmente geschmackvoller römischer Hausverzierungen, wie es schien aus einem Hypocaustum: ein Fingerzeig, dass die nicht mehr absolut nothwendig zum System der beiden Bürgen gehörige Strasse erst bei der Ausdehnung des Vicus gepflastert worden sein dürfte. Man hat hier ferner mehrere Kuhhörner, einen Thierschädel und andere Knochen, ein breites Hufeisen, einen Doppelbecher aus grünlichem Glas, eine viereckige eiserne Pfeilspitze, einen sehr gut erhaltenen Nagelbohrer, vermuthliches Wagengeräthe aus Eisen, Bronzeblech mit Blattverzierung u. s. w. ausgegraben. Soweit es verfolgt wurde, hielt das römische Pflaster die Richtung der heutigen Hahnengasse ein. Zur Römerzeit war sie offenbar nordwärts durch die ganze Obere Bürg fortgesetzt. Der obere Theil des sogenannten Massholderbacher Kirchenwegs erscheint als ein Stück der Heunengasse, deren mittlere Partie behufs Arrondirung der Wallreffischen Familiengrundstücke ein wenig westwärts verdrängt wurde. Die Hahnengasse führt südwärts an einen Punkt der Ohrn, wo wahrscheinlich schon zu Römerzeiten eine Brücke stand; denn wenn auch die Römerbrücke selbst zerstört war, so luden doch die Wege noch lange nach der Erbauung des mittelalterlichen Städtchens zur Benützung ein. Wie grosse Sorgfalt übrigens die Römer auf die Brücken verwandten, ist durch viele Inschriften bezeugt. Geht man über die genannte Brücke, so kommt man auf das Hungerfeld, den Hainenberg und an die Hainenklinge. Vom Bad bis zur Hahnengasse sind es 1500'. 2500' weiter westlich gelangen wir wieder an eine Brücke, wo ebenfalls höchst wahrscheinlich schon zur Zeit des Vicus eine gestanden hat. Unmittelbar an der Südwestecke der Unteren Bürg verband sie letztere mit der Post- und Militärstrasse nach Beckingen und bildete zugleich einen Theil dieser Strasse. Die Wahl gerade dieser Stelle zum Ohrnübergang erklärt sich bloss aus den römischen Anlagen: für das Mittelalter bliebe sie sehr räthselhaft. Substructionen aus Sandstein, welche auf einen Brückenkopf oder einen Thurm am linken Ohrnufer schliessen lassen, wurden (nach Aussage des Kaufmanns Hezel) bei einer Correction des Ohrnbettes und der Landstrasse eben an besagtem Punkte vorgefunden. Die mittelalterliche Stadt reichte weit nicht bis an jene Stelle.

Die einstige Umwallung der Unteren Bürg scheint ein Trapez gebildet zu haben, das sich einem Quadrat näherte. Gegen Westen ist der umschliessende Wall wahrscheinlich in der Linie gelaufen, wo jetzt ein Fussweg ist; zwar der Flurname Untere Bürg greift noch etwas westlich über den Fussweg hinaus, aber die rechts davon so schöne Regelmässigkeit der Gewendte und zugleich der Reichthum der Aecker an Ziegelscherben und importiertem Sandstein hört vollständig auf; die Vermuthung liegt daher nahe, dass die Bezeichnung dieser paar Aecker ursprünglich »unter der Bürg« und nicht »untere Bürg« gelautet hat.[1]) So heissen auf der Ostseite der Stadt zwei Fluren »oberer« und »unterer Orendelstein« statt »ober« und »unter Orendelstein«. Der Name Bürg oder Burg deutet bekanntlich in zahllosen Fällen, soweit die deutsche Zunge klingt, auf befestigte römische Niederlassungen. Eine Inschrift aus der Zeit Valentinians (304—375) erzählt: hunc burgum a fundamentis perduxerunt, Muchar, Noricum I 35. und Vegetius kennt das Wort burgum im Sinne von Castell oder Fort. Burgstall sagte man noch im späten Mittelalter allgemein und heutzutage noch an mehreren Orten statt Ruine.[2]) Gegen Westen war die Untere Bürg durch die in sehr geringer Entfernung vorbeifliessende Ohrn gedeckt; an der Nordseite lief die Mauer auf dem Grat des Berges hin, dann sind bergabwärts gegen den Ochsensee zu zwei künstliche Terrassen, die sicher einst umwallt waren und deren untere unmittelbar an den theilweise mit sehr schroffen und hohen Uferrändern umgebenen See anstösst; gegen Osten kam die Obere Bürg; südwärts war ihre Grenzumwallung ohne Zweifel, wo der Flurname aufhört und das sogen. Haag (vgl. das Streithaag und den Haghof, Bacmeister, alem. Wander. 58. am Limes) und der Stadtgraben sich hinziehen. Auf der Untern Bürg hat man vieles gefunden, vieles auch leider verschleudert, ehe jemand im Interesse der Wissenschaft davon Notiz nahm. Ausser vielem anderem, heizbaren und nicht heizbaren Wohnungen, Ställen, Magazinen, Schöpfbrunnen und Gräbern, entdeckte Hansselmann bei seinen systematischen Ausgrabungen besonders ein Castell mit 4½' breiten Mauern und vier abgerundeten Ecken, 36° lang südlich, 32° westlich und östlich, 33° nördlich;[3]) darum lief ein Graben herum, über demselben war wieder eine Mauer. Innerhalb der beschriebenen Verschanzung war ein Schloss mit spitzen Ecken, 6° 4' lang, 3° 10' breit, von Hansselmann praetorium genannt (Beweiss etc. I 46. 47), ausserdem noch Wohnhäuser und gepflasterte Strassen. Nördlich an der Aussenseite des Berges, dessen eine Abdachung die Bürg einnimmt, bemerkten und besuchten die Knaben noch in diesem Jahrhundert einen unterirdischen gemauerten Abzugscanal, der in den längst ausgetrockneten Ochsensee mündete. An vielen Stellen der Unteren Bürg fand man verbrannte Balken und Gebeine (Hansselmann I 41. 47), Bronze- und Eisengeräthe,

---

1) Möglich bleibt es übrigens, dass es mit dem Flurnamen »Untere Bürg« für diese Aecker seine richtige Bewandtniss hat; denn wenn sie auch offenbar ausserhalb der Mauer lagen, so hat doch der Bereich des Vicus westlich gewiss bis an die Ohrn sich ausgedehnt, deren künstlich verstärktes Ufer die äusserste Vertheidigungslinie bildete. Die fraglichen Aecker sind überaus fruchtbar.

2) Das Wort tritt theils als Appellativum theils als Nomen proprium auf; schon im achten Jahrhundert heisst eine römische Poststation (mutatio) in Oesterreich ob der Ens (Noricum) Burcstol, Gaisberger, archäolog. Nachlese III 256.

3) Schwer zu vereinigen mit diesen Angaben Hansselmanns ist die Abbildung I tab. IV 1, wo die Nord- und die Südseite gleich lang gezeichnet sind. Bd. II 120 gibt er die Ausdehnung von Nord nach Süd auf 214 Schritte an.

Becher (I 41), Messer, Griffel u. s. w., auch Gefässe von Terra sigillata mit gepressten Figuren und Stempeln (Albinus, Jassu und Aper).[1]) Das merkwürdigste wurde durch Unverstand

---

1) Weil meine eigenen Aufzeichnungen über die in Kirchberg aufbewahrten Hansselmannschen Stempelfunde mit den Angaben Hansselmanns, Fröhners u. a. keineswegs in allen Theilen übereinstimmen, so will ich sie hier anfügen:

AL·BINVSFE = Albinus fecit, Fröhner inscr. terrae coctae 58—62 (Voorburg, Friedberg, Weinheim, Mainz, Cöln, London, Regensburg, Ensdorf).

A·PER·FE = Aper fecit, Fröhner 121—127 (Trier, Riegel, Windisch, Rotweil, Augsburg, Vechten, Friedberg, Rosenauberg).

IASSVFIIC nur hier; = Iassus fecit, vgl. Macrinu statt Macrinus, Fröhner 1413 u. v. a.

IMMITA = Atinni, Atinnius, nur hier (nach andern = arte Inni).

MNVƨ·CE und **INVSFI** = Maximinus, Albinus fecit? vgl. Fröhner 1538—1539 (Maximinus zu Voorburg, Soissons, Maulévrier).

MIORF = Maior fecit, Fröhner 1429—1430 (Bonn, Heddernheim).

///VSFE und **IVI** das I etwas undeutlich.

AL = Albinus?

VII∴ALI = Venalis? vgl. Fröhner 2077—2079 (Venalis m. Rotweil, VIIN Riegel). Zwischen VII und A ist Raum für 1—2 Buchstaben; andere wollen Vitalis lesen.

VE...VN = Verecundus, Fröhner 2090—2100 (Rotweil dreifach, Hunenburg. Friedberg, Speier, Vechten, Riegel, Galgen bei Zürich, Zülpich, Voorburg, Neuss). Diese beiden Stempel waren von Hansselmann an bis jetzt ungenau publicirt. Ausserdem erwähnt noch Hansselmann, vergl. Haug, römische Inschriften von württembergisch Franken S. 94 die Stempel mit umgekehrten Buchstaben, **MAN CELIV.**

≡ILLVSF, (Agedillus, Lillus, Marcillus, Meddillus, Tarvillus, Uxxopillus?)

///AINVƨIIF ohne Zweifel = dem oben für Maximinus fecit erklärten Stempel, nach Haug a. a. O. = Fesunia = fecit Sunia. . Diese Stempel, beziehungsweise den von . . . illus und den räthselhaften mit Man Celiu habe ich mehrmals vergeblich zu Kirchberg gesucht. Gefunden dagegen habe ich noch aussen an einer Amphora ein eingepresstes P und eine interessante unten am äusseren Rand eines Gefässes aus rother Erde eingeritzte, gewiss echte Inschrift, die ich im Facsimile beifüge.

= Servi////; vgl. die beiden eingeritzten Namen von Jagsthausen weiter unten. sehen zu haben. Zu Iassus, der auch bei Frankfurt und Speyer auftaucht, Fröhner nr. 1174, vgl. man den Töpferstempel Iossa von Niederbieber, Dorow, röm. Alterth. in und um Neuwied S. 123. Fröhner nr. 1214 sq. — wo übrigens die Herkunft nicht angegeben ist. Der häufige Name Vitalis kehrt in Stein gemeisselt zu Olnhausen wieder, Haug a. a. O. S. 55. 56. C. I. Rhen. nr. 1617. Es war ein geborener Augsburger und gehörte zur XXII. Legion.

zerstört, nämlich (I, 45) drei mehrere Ellen lange und breite Inschriftenplatten. Die nicht selten auf dieser Flur gefundenen Münzen sind, soweit sie zuverlässig beobachtet wurden, keinesfalls jünger als Tetricus. Nach Hansselmann, der in diesem Stück nicht kritisch genug war, könnte man glauben, es finden sich welche aus dem vierten Jahrhundert (I 50).[1]) Von Kunstwerken ist zu erwähnen das Fragment einer grauen Gesichtsurne (Hansselmann I 38. I tab. VI fig. 8) mit Nase und beiden Augen, bei uns Taf. VII 2, von gleicher Art wie die bei Lindenschmit, Alterthümer unserer heidn. Vorzeit I, VI 6, 13 abgebildete aus einem Grabe bei Castel gegenüber von Mainz; ferner das 9" dicke Fragment einer Säule aus Sandstein mit etwas zerstörtem Capital, zu den Ruinen des obenangeführten Schlosses gehörend (Hansselmann I 47); sodann ein Siegelring mit breitem vergoldetem Streifen und goldgefasster Gemme, einem dunkelrothen Carneol, halb so gross als wir ihn auf Taf. IV 3 abgebildet haben. Darauf sehen wir in vertiefter Arbeit fein und trefflich ausgeführt einen geflügelten jugendlichen Genius, das Haupt von einem Lockenkranz umgeben, den rechten Arm auf die umgekehrte, noch brennende Fackel stützend, die andre Hand an der Wange: es ist die bekannte Scene, »wie die Alten den Tod gebildet«, hier in klassischer Einfachheit und Zartheit. Aehnliche Darstellungen bei Lessing »Wie die Alten den Tod gebildet« Taf. IV—VI. und besonders eine übrigens an Kunstwerth viel geringere Gemme bei C. W. King, Q. Horatii Flacci opera illustrated from antique gems, London 1869, p. 67. Müller, Handbuch der Archäologie [3] p. 642. 758. Unsere Gemme ist leider in mehrere Stücke zersprungen, daher, namentlich in der Gegend des Gesichtes, undeutlich. Die 4 Buchstaben um den Genius herum, oben VS unten TI hat man zu deuten versucht (Walch bei Hansselmann, Beweiss II 125; Haug, röm. Inschriften von württ. Franken S. 41): vivus suo testamento iussit d. h. er verfügte bei Lebzeiten testamentarisch das Mitgeben des Ringes; mindestens würde man viva interpretiren müssen, da es sich von einem Frauengrab handelt.

---

1) Auch in einigen anderen Puncten scheint Hansselmann, besonders als er den II. Band seines Beweisses etc. abfasste, vom kritischen Scharfblick verlassen worden zu sein, während seine Ehrlichkeit keinem Zweifel unterliegt. Die angeblich römische Flora II. tab. IV fig. 6 erscheint auf den ersten Blick als das thönerne Modell einer Flora aus dem Ende des XVII. oder Anfang des XVIII. Jahrhunderts, wie sie den hiesigen Hofgarten geschmückt haben mag, mit eingezogenem Rücken, bauschigem, gerade bis unter die Brüste ausgeschnittenem, wenigstens absichtlich geöffnetem Rock. Fast unglaublich ist es, dass Hansselmann die Bd. II tab. XIV abgebildeten 8 Fragmente von seinen rothen Gefässen mit eingeritzten Schriftzeichen für echt halten mochte, z. B. KREUZ 5 = 5 Kreuzer. Der Fälscher hatte keine Ahnung davon, dass die Römer nicht schon der arabischen Ziffern sich bedienten, geschweige davon, dass sie das grosse U so wenig kannten, als die Schreibung KR. Er kratzte einfach nach dem Vorbild des nächsten besten Kreuzers und nach eigener Phantasie beliebigen Unsinn ein. Plato-Wild (aus Regensburg) versuchte die Kritzeleien aus dem Brittischen zu erklären (!), wie Haug a. a. O. S. 59 erwähnt, mit dem Beisatz, dass er es dahingestellt lassen müsse. Wer aber die betreffenden Fragmentchen in Kirchberg mit Augen sieht, wird an ihrem wirklichen Ursprung keinen Moment zweifeln. Wir haben die plumpste Fälschung vor uns. Vom gleichen Schlag und aus der gleichen Zeit ist die Inschrift »Porcelle« d. h. Porzellan, welche Stiber, historische und topographische Nachrichten von dem Fürstenthum Brandenburg-Onolzbach S. 866 ff. mit folgenden Worten anführt: »ollae nostrae scripturas etiam respuunt, unica in fundo has habuit litteras: »Porcelle.«

Nach Hansselmanns gewiss zuverlässiger Angabe fand sich nämlich unser Siegelring zwischen den Zähnen eines Skeletts in einem Frauengrab; an der rechten Seite des Kopfes lag ein Ohrgehänge, bestehend in einer kleinen goldgefassten Bronzemünze mit goldenem Oehr. Was die Münze einst vorstellte, lässt sich nicht mehr mit Sicherheit herausbringen, weil sie sehr stark vom Rost zerfressen ist (Hansselmann II. 123. 124). Ich glaube aber die Züge der älteren Faustina noch zu erkennen.[1]) Für interessant halte ich auch den Fund eines schönen Ammoniten unmittelbar unter einem römischen Grab (Hansselm. I 106), sofern derselbe wahrscheinlich mit Absicht als eine Art Amulet unter die Platten des Grabes gelegt worden ist. Denn auch sonst im Decumatland hat man solche räthselhafte Ammoniten aus der heidnischen Zeit entdeckt: so zwei bei Hettingen unter der Erde bei Grabhügeln; sie sind durch Entfernung der inneren Windungen zu einer einfachen Schlange ausgehöhlt und durch Anbringung eines Maules ist die Metamorphose in gar nicht so übler Weise vollendet worden (in der fürstl. hohenzoll. sigmaring. Sammlung). Auch unter den Sinsheimer Antiquitäten (zu Karlsruhe) sind mehrere durchlöcherte Ammoniten.

Ueberschreiten wir von der Untern Bürg aus die sogenannte alte Strasse, welche, nachgewiesenermassen römischen Ursprungs,[2]) in ihrer noch bestehenden — im Mittelalter sehr frequenten — direct nördlichen Verlängerung weithin auf keine Ortschaft, sondern auf die Fluren Pfahläcker, Schildwache, Pfahldöbel u. s. w. führt, so kommen wir sofort auf die Obere Bürg. Das auffallend terrassierte und ziegelreiche Terrain längs der alten Strasse zwingt zu dem Schlusse, dass hier einst Backsteinbauten und Erdwälle gewesen sein müssen. Die Form des Umfangs lässt sich bei der Oberen Bürg nicht sicher muthmassen. Offenbar ist die ursprüngliche regelmässigere Gestalt durch Ein- und Umsichgreifen anderer Flurnamen, hauptsächlich durch die unter dem Namen Wallreffen arrondierten Grundstücke der Familie Wallreff beinträchtigt worden. Der befestigte Nordrand der Oberen Bürg scheint von der Nordostecke der Unteren Bürg aus in ostnordöstlicher Richtung der sogenannten hohen Strasse[3]) entlang gezogen zu sein, wo auch jetzt noch der Flurname aufhört. Die

---

1) Genius und Anhänger sind von Hansselmann ungenau abgebildet worden, namentlich ersterer, der sehr ohne Verschulden zu einem Hut, einer langen Nase, rohen Gesichtszügen und einem unbegreiflichen Hakenstock gekommen ist, auf welchen er sich, statt auf die Fackel, bei Hansselmann stützt. Der Kopf auf dem Anhänger wurde auch von Haussehmann als ein weiblicher aufgefasst. Die Münze scheint mir eine vergoldete oder versilberte kleine Bronzemünze gewesen zu sein, wie solches gefälschte Geld nicht eben selten hier zu Lande gefunden wird. So wurde z. B. »im schwarzen Horb« unfern den »Münzäckern« bei Oehringen eine eiserne versilberte Münze ausgegraben; und die Münzsammlungen in Jagsthausen und Kirchberg an der Jagst enthalten vergoldete Münzen. Vergoldete Bronzemünzen fand man auch sonst in Gräbern, so eine dergleichen von Philippus Arabs bei Wels in Oberösterreich, Gaisberger archäolog. Nachlese III 258. Unser Anhänger ist abgebildet Taf. VII 8.

2) Das untenliegende römische Pflaster wurde bei Gelegenheit des Eisenbahnbaues an einer Stelle aufgedeckt.

3) Diese eben an der Nordostecke der Untern und an der Nordwestecke der Oberen Bürg beginnende, nordöstlich ziehende Strasse, bis zum Limes ohne Zweifel gleich einer Menge Hoch- und hoher Strassen ein Römerwerk, heisst bei Hansselmann II tab. II »hohe Strasse«; die zwischen beiden Bürgen ziehende da-

Ostgrenze ist durch einen ziemlich tiefen Graben theilweise noch bezeichnet; er geht von Nord nach Süd parallel mit der »alten Strasse« und dem Westrande der Obern Bürg, und mit ihm hört die Benennung »Obere Bürg« gegen Osten auf. Die Südgrenze wird wohl eine Fortsetzung des Südrands der Untern Bürg gewesen und bei der Anlegung der mittelalterlichen Stadt der vorhandene Römergraben als nördlicher Stadtgraben ausgebeutet und vergrössert worden sein; aus den Ruinen des römischen Bollwerks wurde ein Haag.

Auch auf der Obern Bürg, beziehungsweise dem dazu gehörigen Theil des Wallreffens entdeckte man Wohnungen mit unterirdischer Heizung, etliche Gräber, gepflasterte Wege, Vasen und andere Geräthe, darunter den oberen Theil eines eisernen Helmes mit Kamm, identisch mit dem von Niederbieber (abgebildet bei Lindenschmit, Alterth. unserer heidn. Vorzeit I, IX 5, 2), wo, wie oben bemerkt, ebenfalls Limitanei und Brittonen lagen. Ferner werden erwähnt eine bronzene Frauenarmspange in der so beliebten Form einer Schlange, die sich in den Schwanz beisst; fast einen Fuss lange bronzene Haarnadeln; eine Art Bronzemosaik.[1]) Ganz besonders interessant aber waren die mancherlei Gegenstände der Kunst und des Cultus, welche hier in südöstlicher Gegend beim Eisenbahnbau gefunden wurden. Sie zeugen von einem namhaften Sinn und Talent für Sculptur, wie man sie in diesem entlegenen Winkel des römischen Reichs niemals gesucht hätte. Zwei steinerne Minervenstatuen, leider der Köpfe und Arme beraubt, gehören entschieden zum schönsten, was überhaupt die Römer in Süddeutschland hervorgebracht haben. Sie sind im Königl. Württemb. Lapidarium zu Stuttgart aufgestellt, nr. 143 und 144. Nr. 143, 3′ 4″ hoch, ist recht hübsch und auch von hinten ausgeführt. In hoher schlanker Gestalt steht die Göttin, als Königin der Schlachten aufgefasst, und sicher einst mit Lanze, Schild und Helm bewehrt, vor unsern Augen, mit nur zu reich, doch schön drapiertem Gewande bekleidet: auf dem glatten Brustharnisch das grinsende Gorgoneion. Vom Schilde, auf dem die linke Hand wohl ruhte, ist noch ein Stück erhalten; der rechte Arm war einst erhoben und hielt majestätisch den Speer. Von der Inschrift am Sockel sind bloss die Buchstaben H·D noch übrig. Das Material ist bei dieser Statue wie bei den sonstigen Steinbildern und Inschriftentafeln des Vicus ein sehr feinkörniger gelber Sandstein, wie er in der Umgegend bricht und auch zu den römischen Denkmälern von Heidelberg, Ladenburg, Osterburken u. s. w. besonders gerne benützt wurde.[2]) Die zweite kleinere und etwas gedrungenere Minerven-

---

gegen »alte Strasse«. Da beide ganz verschiedene Richtungen haben, hielt ich es für besser, sie durch Festhalten an diesen überlieferten Namen zu unterscheiden, als die ostnordöstlich ziehende Strasse ebenfalls »alte Strasse« zu heissen, wie die amtliche Flurkarte thut.

1) Armspange und Haarnadeln gefunden nach Aussage der Frau Diakonus Böckheler; die Armspange wanderte (nach Kaufmann Reinhardt) durch Judenvermittlung nach Mainz. Ueberhaupt sind die meisten kleineren Gegenstände, welche beim Eisenbahnbau hier gefunden wurden, Vasenfragmente u. s. w. elend wieder verschleudert worden. Ein Stückchen der Bronzemosaik besitzt Herr Diakonus Böckheler. Eine ganz gleiche Schlangenarmspange und Haarnadeln hat man auch zu Niederbieber ausgegraben, Dorow, röm. Alterthümer in und um Neuwied S. 69. 144.

2) Vgl. Correspondenzblatt der deutschen Alterthumsvereine XVI 1868, 8 S. 64. Sprechend ähnlich ist die gleichfalls kopf- und armlose Minervenstatuette aus Kalktuff, gefunden in den alten Stein-

statue 2' 7" 7''' hoch, nr. 144, zeichnet sich vor der grösseren durch freie, ungezwungene Haltung und durch schönen natürlichen Faltenwurf sehr zu ihrem Vortheil aus und verdient gewiss die ihr gewordene Ehre phototypisch dargestellt zu werden, um so mehr als ihr bisheriges Bild (in den Heften des württemb. Alterthumsvereins) sehr zu ihren Ungunsten von der Wahrheit abweicht. Diese Statue ist hinten nicht ausgeführt und stand somit an die Wand wahrscheinlich eines Tempels gelehnt, zu dem einst die am gleichen Platze gefundenen Säulentrümmer (Stuttg. Lapidarium nr. 111—114) gehörten. Die im Facsimile im C. I. Rhen. nr. 1561 und bei der obenerwähnten Abbildung in den Jahresheften des württ. Alterthumsvereins, am genauesten aber auf unsrer Taf. II mitgetheilte Inschrift an der Basis der Statue sagt: in honorem domus divinae signum Minervae suo impendio restituit Faustius Faventinus¹) quaestor Lupo et Maximo consulibus = 232 nach Chr. Auch der behelmte Kopf einer Minerva aus Bronze (Stuttgarter Antiquarium nr. 212, gut abgebildet bei Lindenschmit, heidn. Vorzeit II, XI 2, 6 und auf unserer Tafel IV 2) wurde daselbst gefunden: ein Werk etrurisch-alterthümlichen Stiles, also zusammenzustellen mit den im Festprogramm von 1870 durch aus'm Weerth behandelten etruskisirenden Bronzestücken aus Wald-Algesheim. Der Kopf ist ohne hintere Hälfte maskenartig abgeschnitten, wie es bei bronzenem Wand- und Altarschmuck oft der Fall ist, vgl. besonders den bronzenen Stierschädel von Hochmauren bei Rotweil (in der Rotweiler Sammlung) und (weiter unten) die Amazone von Jagsthausen. Von einem Bruchstück einer Bronzestatue zu reden (Lindenschmit, heidn. Vorzeit II, XI 2, 6) ist ganz unrichtig. Das Stück ist vielmehr vollständig in seiner ursprünglichen Gestalt erhalten, nur von der Nase ist ein Theil abgebrochen. Auf dem dargestellten Helmstück erblickt man eine Wiederholung des Gesichts der Göttin; sie trägt also einen der Bildung des Gesichts entsprechenden Visirhelm, wie ein solcher z. B. bei Wildberg gefunden und in den Schriften des württ. Alterthumsvereins Bd. II 1, S. 53 veröffentlicht worden ist. Uebrigens ist bei unserm Minervenkopf die Idee des Visirhelms nicht ganz richtig durchgeführt, aber unverkennbar angedeutet, wie man namentlich aus der Profilzeichnung bei Lindenschmit a. a. O. fig. 6 b sehen kann. Sehr ähnlich ist der Minervenkopf aus Stein von Fliessem unfern Trier, abgebildet Jahrb. des Alterthumsv. im Rheinl. IV tab. VIII 9, mit ganz gleichem knopf- und kammlosen Visirhelm, der im Verhältniss zum Kopf ebenfalls zu klein scheint. Unser Oehringer Minervenkopf ist jedoch

---

brüchen zu Blaidt bei Andernach, abgebildet Jahrb. des Alterthumsv. im Rheinl. XVIII tab. II; besonders ähnlich erscheint die Profilansicht von der rechten Seite.

1) Die mit der römischen Vorliebe für allitterierende Namen harmonierende Form Faventinus (ein auch sonst im mittleren Rheinland gebräuchlicher Name, so bei Zahlbach [Mainz] C. I. Rhen. nr. 1237, zu Speyer C. I. Rhen. nr. 1804, zu Heddernheim, Töpferstempel bei Fröhner, inscr. terr. coctae nr. 1070. geschrieben FAVENTINVS, ist über jeden Zweifel erhaben, wie man auf unserer phototypischen Darstellung mit dem Vergrösserungsglas untersuchen kann. Ich führe dies an, weil der neueste Herausgeber der Inschrift, Haug, in der Zeitschr. des hist. Vereins für württ. Franken 1871 S. 45, Aventinus liest. Der Stein ist überhaupt so sorgfältig gemeisselt, dass alle Buchstabenformen aufs deutlichste erkennbar sind.

entschieden von besserer Arbeit als der von Fliessem. Die Göttin des Kriegs und der Industrie stand in ausnehmend hohem officiellem Ansehen. Sie erscheint auf den Münzen von Domitian, Commodus und Geta (Haller, Helvetien unter den Römern II 156), und Manlius Statianus betete im Senat zur Zeit des Probus: »Juppiter optime maxime, Juno regina tuque virtutum praesul Minerva, tu orbis Concordia et tu Romana Victoria, date hoc senatui populoque Romano, date militibus, date sociis atque exteris nationibus: imperet quemadmodum militavit! (Vopisc. Prob. c. 12, 7)«; mit welchen Worten der vierseitige Altar von Nussdorf in der Pfalz zu vergleichen ist, wo Juppiter, Juno, Minerva und Hercules abgebildet erscheinen (Hefner, röm. Bayern ³ nr. 18 S. 302). Die Göttin der Kriegskunst wurde am ganzen Limes und überall in dem von römischen Soldaten wimmelnden Württemberg (bei Canstatt, Rottenburg, Köngen, Burgstall O/A. Marbach, Couweiler O/A. Neuenbürg, Zazenhausen und sonst) mit auffallender Vorliebe verehrt und die Zahl der von ihr vorhandenen Statuen, Statuetten und Reliefs in Stein und Bronze steht, wenn ich nicht irre, nur den Mercurdarstellungen nach. Ob sie sich wie Mercur mit einer verwandten keltischen Gottheit verbunden hat (histor. Verein von St. Gallen, die Schweiz unter den Römern S. 11), ist mir zweifelhaft, so lange kein keltischer Beiname der Göttin entdeckt wird. — Sehr merkwürdig ist auch das in eben der Gegend des Vicus gefundene Eponarelief, von hübscher Arbeit und wohl aus der gleichen Künstlerwerkstatt stammend wie die Minerven. Auch dieser Göttin ist offenbar von den einstürmenden Alamannen der Kopf abgeschlagen worden. Wie immer in langem Gewande thront sie majestätisch in der Mitte, auf dem Schoosse, wie es scheint, einst ein Körbchen mit Blumen [so die Epona von Luxemburg, Jahrb. der Alterthumsfr. im Rheinl. III 50] oder Früchten· haltend, während nach rechts und nach links je zwei Pferde von ihr wegschreiten — die nach rechts wegschreitenden sind übrigens ziemlich zerstört; ausserdem leidet das Relief an einer Verzeichnung, wie man sagt, welche der Bildhauer verschuldet hat; die Pferde laufen einander eigentlich mitten durch den Leib. Wir haben das Kunstwerk zum erstenmal abgebildet Taf. III., das Original befindet sich im Stuttgarter Lapidarium nr. 129. Die Pferde haben wie auf dem Relief von Beihingen und auf einem württembergischen Vasenbild des Töpfers Comitialis (Paulus'sche Privatsamml. nr. 67) etwas plumpe Körperformen. Es scheint, dass die im Decumatland ureigenthümliche Pferderaçe, von welcher man 3 Kiefer an der Schussenquelle gefunden hat, keineswegs von schöner Gestalt gewesen ist. Was die Composition unsres Oehringer Reliefs betrifft, so erscheint Epona gerade so, mit Pferden, die nach rechts und links von ihr wegschreiten, auch sonst, z. B. im Mutterlande unsrer Helvetier auf dem Relief von Muri im Aargau (Haller, Helvetien unter den Römern II 536). Epona, die keltische[1]) Göttin der Pferde, Esel und Maulthiere, war namentlich bei den Soldaten der Kaiserzeit eine der populärsten und gefeiertsten[2]) Gottheiten. Auch gerade von der in Oehringen vertretenen XXII. Legion existirt noch ein Denkmal aus der Zeit Heliogabals,

---

1) Kambrisch ebol = Füllen, Bacmeister, alemann. Wanderungen 78; hinsichtlich der Endung vgl. Divŏna, Axŏna, Matrŏna (jetzt Marne), Carantŏnus u. a.

2) Das geht u. a. aus dem Ehrenbeiwort mater, MA in der Solothurner Inschrift, hervor. Auch hiess die Gemahlin des Julius Sabinus Eponina.

das im Vicus Salodurum d. i. zu Solothurn gefunden wurde (Haller, Helvetien unter den Römern I 211. II 362); desgleichen ward ein Eponarelief zu Heddernheim am Limes ausgegraben, wo wie in Oehringen Brittonen lagerten, J. Becker, die Heddernheimer Votivhand S. 6. Ueberhaupt aber finden sich ihre Denkmäler in Ungarn (acta literaria musei nat. Hung. Budae 1818 p. 295), Oberitalien, Noricum, Vindelicien, Helvetien, dem Decumatland, Gallia Belgica (C. I. Rhen. nr. 864. 865) und Britannien (cf. Hessel, thesaur. inscript. praefat.; Wiener Jahrbüch. Anzeigeblatt Bd. 108 S. 69. 70. Jahrb. der Alterthumsfr. im Rheinl. VIII 131). Apuleius erzählt, dass er in einem Stalle ihr Bild mit frischen Rosenkränzen geschmückt gesehen habe (Apulei. metam. III. p. 225 Oudend.). Auch im Vicus Aurelii wird das Bild der stall- und pferdesegnenden Göttin sich ähnlicher Ehren erfreut haben. Ausser einer Trankspende wurden ihr Schweine geopfert. Das ersieht man aus dem Eponarelief von Beihingen bei Marbach (Stuttg. Lapidar. nr. 60), dessen obere Hälfte die Göttin von drei Pferden zur linken und vier zur rechten umgeben zeigt, mit beiden Händen eine Kugel haltend; in der unteren Hälfte fährt auf vierräderigem Wagen ein Mann mit drei Rossen: rechts davon ist eine Opferscene: der Priester steht vor dem Altar, hinter ihm erblicken wir den Opferkrug und ein Diener schleppt das Schwein herbei, das geschlachtet werden soll. — Ausser den Minerven und der Epona hat man am südöstlichen Ende der Oberen Bürg den arg verstümmelten Torso eines Genius, mit dem Ansatz eines Füllhorns (Stuttg. Lapidar. nr. 130), sowie eine Hand (Lapidar. nr. 115) und den Huf eines Pferdes aus Sandstein (Lapidar. nr. 116), letzteren von ansehnlicher Grösse, ausgegraben: nebst den Säulenresten ein Beweis, wie viele schätzbare Sculpturwerke in dieser Tempelgegend des Vicus durch die bösen Feinde und den Zahn der Zeit zerstört worden sind, theils auch, wenigstens fragmentarisch, noch unter dem Boden stecken mögen. Und wer wollte zweifeln, dass auch die Umgegend sich den Fleiss und das Talent der hiesigen Künstler möglichst zu Nutzen machte und mit den Schöpfungen ihrer Hände Gelübde löste und Tempel und Haine schmückte? So finden wir in dem drei Stunden nördlich von der Stadt am Limes gelegenen Jagsthausen allerlei Kunstwerke in Bronze und Stein, die vermuthlich zum Theil Oehringer Werkstätten entstammten. Fast ebenso weit westlich von der Stadt liegt das Dorf Hölzern, in dessen vor Alter abgegangener Kirche einst zwei römische Steinreliefs eingemauert waren. Das eine gieng beim Abbruch der Kirche verloren, das andere wurde in das Stuttgarter Lapidarium gebracht (nr. 120). Es enthält in vier Abtheilungen einen Cyclus mythologischer Scenen, leider bis zur Unkenntlichkeit verwittert. Der auf allen vier Feldern auftretende jugendliche Held — ohne Löwenfell — scheint im dritten Feld einen erlegten Eber zu schleppen. Und eine starke Stunde südlich von hier entdeckte man einst im Walde, nach der Volkstradition beim oder gar im Buchhorner See [1]), einen merkwürdigen, sehr hübsch gearbeiteten

---

1) Hansselmann, Beweiss etc. I 73: »... der ... Stein ..., welcher vor Alters allernächst bey diesem Ort [»Untern Haimbach«] im Wald aufgerichtet, hernach aber anfänglich an der Seiten dasiger Kirchen eingemauert gewesen, weil er, wegen seiner Grösse, bequem zum mauren.« I 212: »... der ohnweit ... Windischen-Bach im Wald an einem Bach gefundene — nach Untern Haimbach transportirte ... Stein.« Unweit der Stelle, wo er hiernach gefunden worden sein muss, ist ein »Frauenberg«

Nymphenstein, der jetzt aussen an der Kirche von Unterheimbach eingemauert ist, schlecht abgebildet bei Hansselmann Bew. etc. I tab. X., richtiger bei uns Taf. III 2. Das Bild ist von gelbem Sandstein 1,66 m. breit, 0,895 m. hoch. Wir sehen drei schöne weibliche Gestalten neben einander sitzen; die anmuthigen Gesichtszüge durch die Unbill der Zeiten leider zerstört; um die unteren Theile der Schenkel ein schmales Tuch nachlässig geschlungen; jede hält in der Rechten einen Schilfstengel und hat den Kopf mit einem Kranz umwunden; über ihnen in der Mitte sind zwei Seepferde ausgehauen. Keine Frage, dass der klassische Künstler, der das Original dieses Reliefs schuf, drei Nymphen des Meeres und nicht die keltischen drei Mütter darstellen wollte.[1]) Aber hier im Binnenland, bei unsern keltischen Soldaten dachte man sicherlich bei diesem Bildwerk an nichts anderes als an die viel gefeierten und gefürchteten drei Mütter,[2]) die den ganzen Limes entlang und in der Schweiz und in Brittannien[3]) mit besonderer Auszeichnung verehrt wurden. Sie treten auch in zwei Beckinger Inschriften C. I. Rh. 1586 als senonische Mütter (Senonibus Matronis cohors prima Helvetiorum) und C. I. Rh. 1585 als Feldgöttinnen, Campestres, auf, und gerade unter dem Namen Campestres sehen wir sie zugleich mit der Epona auf der Limpurg bei Pföring unfern Ingolstadt von den römischen Grenzsoldaten verehrt (Hefner, röm. Bayern nr. CXIV). Es sind drei Feen, die sich bald segnend, bald furchtbar zeigen, heute im unheimlichen Schauer des Waldes, morgen im Erntesegen des Ackerfelds. Wer sie schaut, dem bekommt es übel (Malvisae in einer Cölner Inschrift C. I. Rh. 362); aber in der Stille schaffen und wirken sie all das Gute, was die Natur uns spendet, in Wald (daher Suleviae C. I. Rh. 673, Sulevae Hefner, röm. Bayern nr. CVII; Sulfae Haller, Helvet. unter den Römern II 326) und Auen (Campestres C. I. Rh. 1596; Hefner, röm. Bayern [3] S. 12), vom Frühling bis zum

---

— von einer Liebfrauen(Marien)kapelle darauf ist nicht die leiseste Spur erhalten. Die amtliche O. A. Beschreibung von Weinsberg S. 129 behauptet, dass der Stein der Sage nach aus dem Sallenwalde oder den Sallenäckern stamme. Meinen Erkundigungen nach weiss »das Volk« von einer solchen Sage nichts. Wahrscheinlich beruht sie auf Erfindung eines alten Pfarrers, der die mittelalterlichen zu der nahen Schlossruine gehörigen Trümmer in den Salläckern mit dem römischen Stein in willkürliche Beziehung brachte und anderes gleich werthlose erträumte.

1) Denn diese pflegen ganz matronenhaft gekleidet zu sein und die zwei, welche zu äusserst sitzen, haben regelmässig ungeheure turbanartige Hauben oder Wülste als Kopfbedeckung, sehr ähnlich der Tracht der Bauernweiber in vielen Gegenden Europas. Vgl. die Abbildungen der Matronensteine von Mannheim Jahrb. der Alterthumsfr. im Rheinl. XII tab. II, von Bonn XII tab. I, von Soller bei Zülpich XX tab. I, von »Müddersheim« XX tab. III.

2) Zu vergleichen ist vor allem der den Nymphen von den triputiensischen Brittonen bei Amorbach gesetzte Altar: welchen wie es scheint de Wal in seinem mir nicht vorliegenden Buche Moederg. 171 ebenfalls auf die Matres bezieht. Auch zu Titmanning in Oberbayern finden wir eine Ara der Nymphen Hefner, röm. Bayern nr. C S. 93. Zu Castel bei Mainz waren 2 Altäre deabus Nymphis (nr. 1328 Nymfis) errichtet C. I. Rh. nr. 1328. 1329. Bei Hipfelsberg zwischen Ennetach und Scheer unfern des rechten Donauufers fand man einen »Apolini Granno et Nimphis« geweihten Altar, v. Gok, röm. Alterthüm. und Heerstrassen S. 116.

3) Z. B. ein Matronenstein von Lausanne, Haller, Helvet. unter den Römern II 326, und einer von Netherby in Cumberland citirt ebendas. II 327.

Herbst. Das Volk von Unterheimbach erzählt, dass es noch jetzt an jenem Steine nicht geheuer sei, dass die Frauen bei Nacht kommen und besonders den spinnenden Mädchen bei der Arbeit helfen. Diess habe ich selbst aus dem Munde der Leute gehört; und der Schultheiss bestätigte mir, dass diess der Glaube der »ganz alten Leute« sei. Wenn man sich erinnert, wie geneigt der grosse Haufe ist, ein Bildwerk nach seinen eigenen religiösen Anschauungen zu deuten, wie Maria und das Christuskind, Kain und Abel, der heil. Christoph u. a. von unsern Bauern in der Glyptothek und auf der Wilhelmshöhe wiedergefunden werden, wer möchte da zweifeln, dass unsre keltischen Soldaten nicht in jenen drei Nymphen die hehren Göttinnen ihrer Heimath wiederfanden und andächtig verehrten? Werden doch sonst auch die Mütter dargestellt als drei neben einander sitzende Göttinnen, mit Zweigen, Aehren, Früchten u. dgl., so auf dem Relief von Zazenhausen in Württemberg (Stuttg. Lapidar. nr. 50). Und selbst die Parcen sind um dieser drei keltischen Mütter willen im römischen Bayern zum Gegenstand des Cultus geworden (Hefner, römisch. Bayern nr. XCV).

Noch zwei andere keltische Götter, die wir in Beckingen treffen, dürfen oder müssen wir im Vicus Aurelii als verehrt voraussetzen: den Mars Caturix (von Chorges unweit Embrun) C. I. Rh. 1588 und den Gott Taranucnus C. I. Rh. 1589. Sodann müssen wir auch den zu Beckingen C. I. Rhen. 1583. 1592 bezeugten Fortunacultus, sowie den Dienst des grossen Keltengottes Mercur (Beckinger Inschrift nr. 1591) für unsern Vicus in Anspruch nehmen. Denn auch sonst im Decumatland (Stälin, württemb. Geschichte I 109) und am Limes (so zu Abbach bei Regensburg die auch in Beckingen verehrte Fortuna redux, Inschrift vom J. 232 Hefner, röm. Bayern nr. LXI; zu Obernburg C. I. Rh. 1747 und zu Aschaffenburg Hefner, röm. Bayern nr. 41 — beides Stationen der XXII. Legion) und von den Brittonen (vgl. das brittonische Opferdenkmal von Eining, Hefner, röm. Bayern [3] S. 48 und bei Aschaffenburg lagen auch Brittonen C. I. Rh. 1751. 1757) ward Fortuna, diese Lieblingsgöttin der Soldaten aller Zeiten, mit Gebet und Opfer geehrt, und für Oehringen bezeugt uns diess ausdrücklich das einst von Hansselmann ausgegrabene, jetzt zu Kirchberg befindliche Sandsteinfragment eines Flachbildes, auf welchem wie von einem Rahmen eingefasst Fortuna mit dem Steuerruder in ²/₃ Lebensgrösse zu schauen war; erhalten ist von dem einst hübschen Bilde bloss das Steuerruder und der unterste Theil des rechten Fusses, ganz gleich ist die Reliefdarstellung der Göttin auf dem Brittonendenkmal von Eining. Mercur aber, der Gott des Handels und Geldmachens, kommt in den keltisch-römischen Grenzländern auf Bildwerken und Inschriften [1]) am häufigsten vor; überall erhuben sich seine Tempel (von Bayern allein wissen wir 6 Mercurtempel aus Inschriften: zu Augsburg nebst einem Priestercollegium von Quindecimvirn Hefner, röm. Bayern nr. XLVII, zu Regensburg Hefner, röm. Bayern nr. LX; bei Pföring ibid. nr. LVIII; am Ufer der Schutter bei Ingol-

---

1) Auf Bildwerken ist der Gott mit dem Geldbeutel und etwa noch mit Hahn und Bock entschieden am häufigsten; in der Zahl der Inschriften steht er nur Juppiter nach — der aber bekanntlich oft genug bloss honoris causa erwähnt ist. In Bayern z. B. finden wir Merkur selbst 28 mal und seine Mütter Maia 2 mal, Juppiter 36 mal auf Inschriften, Hefner l. c. S. 12.

stadt ibid. nr. XLVI; zu Ludenhausen bei Landsberg ibid. nr. LXVII; zu Irgertsheim Stälin, württemb. Geschichte I S. 53) und vorzüglich bestrebten sich die Kaufleute (negotiatores Hefner, röm. Bayern nr. LX), den grossen Gott des Vermögens (Mercurius Censualis auf obiger Regensburger Inschrift), des Wechselgeschäfts (Mercurius Cambus auf dem Denkmal von Impflingen bei Landau Hefner, röm. Bayern nr. LXVI) und überhaupt der Kaufmannschaft (Mercurius Negotiator auf einem Stein zu Metz Murat. vol. I p. 49. 8) sich gnädig zu stimmen. Und einigen Verkehr, wenigstens mit Salz (vgl. S. 12),[1]) wohl auch mit Arbeiten in Sandstein, mit Töpferwaaren, Pelzwerk und Gänsefedern (vgl. S. 14) werden wir für den Vicus Aurelii durchaus annehmen müssen.

Ausser den die Minerven betreffenden Inschriften hat man beim Eisenbahnbau 1860/61 einiges andere Epigraphische auf der Obern Bürg ausgegraben, nämlich drei fragmentarische Inschriften, deren Text man bei Haug, röm. Inschriften von württemb. Franken S. 41—44. C. I. Rhen. nr. 1558—60 nachlesen möge. Nr. 1558 wurde am 1. Sept. 169 gesetzt und enthält eine Anzahl Namen von Freigelassenen und ihren Patronen, wobei besonders das Vorkommen des aspirirten keltischen D, ÐÐ, merkwürdig ist (Haug S. 41). Einer der Freigelassenen, Namens ⟨Ta⟩citus scheint sich als Arzt, me⟨dicus⟩ zu nennen.[2]) Die zweite Inschrift nr. 1559 überliefert uns, dass die I. Cohorte der Helvetier und die Brittones Aurelianenses für das Wohl des kaiserlichen Hauses der Nemesis (übrigens bloss SI und ein Theilchen des vorhergehenden E erhalten) ein Geschenk — wahrscheinlich eine Statue — gewidmet habe und zwar unter der Statthalterschaft des Generals Publius Cornelius A⟨nullinus⟩. Die hiesige Garnison stand damals unter dem Commando eines gewissen Titus oder Titius, Ordonnanzoffiziers des Generals und ehemaligen Auditors (Excornicufars, Haug S. 44). Ganz ähnlich lautet die trümmerhafte Inschrift nr. 1560, Haug S. 44, auf welcher aber die Gottheit, welcher sie gilt, noch weniger ermittelt werden kann. Es sind bloss die Buchstaben DE erhalten, woraus die einen Virodde, andere Iside, noch andere deae gemacht haben.

Der Tempelplatz, der uns zu Betrachtungen über die Religion unserer keltorömischen Vicani überhaupt angeregt hat, lag, wie bemerkt, am Westrande der Oberen Bürg. Suchen wir von da in einem kleinen Bogen zu unsrem Ausgangspunkte, dem nahen Bade am Orendelstein, zurückzukehren, so führt uns der Weg zunächst über einen gräberreichen Friedhofplatz auf den Gewendten Lehmgrube und oberer Orendelstein. Man hat auch anderwärts die Bemerkung gemacht, dass die Begräbnisstätte der Soldaten ausserhalb der

---

1) Salz wird auf der mitten durch die Oehringer Bürgen ziehenden, also sperrbaren, Hochstrasse vom Kocherthal z. B. nach der Schweiz ausgeführt worden sein, da letzteres Land keine den Römern bekannte Salzwerke besass und bei der ausgedehnten Viehzucht den Artikel unmöglich entbehren konnte. Haller, Helvet. unter den Römern II 50.

2) Bei dieser gewöhnlichen und wohl auch richtigen Interpretation des fragmentarischen me verbietet es sich von selbst, an Sklaven zu denken, wie schon geschehen ist. In der nicht sehr entfernten Limesfestung Obernburg hat sich der Cohortenarzt M. Rubrius Zosimus, Freigelassener eines aus der gens Rubria, durch einen Gelübdestein verewigt, Hefner, röm. Bayern nr. LXXII. Medici und Professores neben einander finden wir erwähnt auf einem Denkstein zu Aventicum C. I. L. ed. Orelli nr. 367.

eigentlichen Festungsthore lag, so zu Vindonissa,[1]) Mainz und sonst. Da übrigens dieser östliche und eigentliche Begräbnissplatz des Vicus Aurelii nur bei Gelegenheit des Eisenbahnbaues zufällig um eines Bahneinschnitts willen theilweise aufgegraben, die Resultate aber weder genügend wissenschaftlich untersucht noch aufgeschrieben wurden, so konnte ich nicht viel mehr ermitteln, als dass in der auf dem Plan angegebenen Ausdehnung eine Menge Asche und viele Grablampen und Fragmente von anderen Gefässen aus Thon gefunden wurden. Ohne Zweifel würde man sowohl nördlich als südlich von der bezeichneten Linie bei tieferem Nachgraben auf die gleichen Erscheinungen stossen. In der That hat man ein wenig südlich davon beim Bau eines Hauses ein römisches Grab gefunden. Nimmt man die von Hansselmann aufgedeckten und beschriebenen Gräber in den Gärten und an den Gassen der Bürgen hinzu (Beweiss etc. I 39. 40. II 120—124), so gelangt man zu folgenden Resultaten. Unterschiedlich, wahrscheinlich je nach dem Wunsch des Verblichenen oder nach der Sitte der Nationalität oder Familie, begruben unsere Helvetier und Brittonen bald den unversehrten Leichnam, bald verbrannten sie den Todten auf einem Holzstoss und sammelten Asche und Gebeine in eine Urne. Im ersteren Falle fügten sie den Grund des Grabes aus Sandsteinplatten, so breit und so lang, dass ein Körper darauf Raum hatte, errichteten an allen vier Seiten eine kleine Mauer, übergossen die Steinplatten innen mit Kalk, legten den Leichnam hinein, so dass er nach Norden schaute,[2]) gaben ihm eine zierliche thönerne Grablampe,[3]) manchmal auch andere Dinge, die dem Todten einst im Leben lieb und werth gewesen waren, Frauen ihren Schmuck, Kindern ihr Spielzeug[4]) mit, und deckten das ganze mit einem Dach von Ziegelplatten, worauf Nummer und Name der Legion gepresst war. — Oefters war auch das Grab bloss aus Backsteinen, nur an den vier Ecken von Sandstein zusammengehalten, ein andermal war es nicht viereckig, sondern eiförmig.

---

1) Haller, Helvet. unter den Römern II 389. 396 f.
2) Hausselmann, Beweiss etc. II 123, eine auffallende Wahrnehmung, von welcher er behauptet, dass sie auch für Gräber, die im I. Bde. beschrieben sind, zutreffe. Sie erklärt sich bloss als Accommodation an die Landessitte: denn in den germanischen Grabhügeln der hiesigen Gegend ist dies die regelmässige Lage der Todten. Sonst bekanntlich pflegen die Leichname von den Römern in der Richtung von West nach Ost gelegt zu werden. Hinsichtlich der Richtung gegen Norden vgl. man, was Wackernagel ἔπεα πτερόεντα S. 28 anführt: »die Griechen kehrten bei der Vogelschau das Antlitz nach Norden, wo für alle indogermanischen Völker der Götterberg lag. Nordwärts schaute man beim Gebet, bei Zaubersprüchen, beim Eid und Opfer.« Somit würde der Blick nach Norden dem gen Himmel entsprechen.
3) Symbolisch, um die Grabesnacht zu erhellen; in den Grabmonumenten der vornehmsten Römer brannte wirklich ein Licht, wie in den Grüften christlicher Könige. Eine Grablampe, die von oben betrachtet den Eindruck eines grinsenden Affengesichtes macht und deren Boden ein Loch hat, so dass sie nie benützet werden konnte, aus der Flur Lehmgrube, besitzt Prof. Boger, abgebildet Taf. VII 1, das gleiche grinsende Gesicht — wobei noch die Nase durchbrochen ist — zeigt eine bei Riegel ausgegrabene, in der Karlsruher Sammlung verwahrte Thonlampe.
4) Dass bis jetzt in Oehringen ein römisches Kindergrab aufgedeckt und beachtet wurde, ist mir nicht bekannt. Das Mitgeben von Spielzeug in solche Gräber war aber bei Griechen und Römern gebräuchlich und ist auch in den germanischen Provinzen der Römer constatirt.

Die Gräber ragten über die Erde hervor und standen womöglich an einem Weg, damit wenigstens das Gedächtnis derer lebendig bleibe, deren Gräber mit Inschriften geziert waren.[1]) Gegenstände von Werth fanden sich bloss in den Gartengräbern der Bürgen und ebendort gab es auch, wenn nicht alles trügt, steinerne Sarkophage mit ausführlichen Inschriften;[2]) auf dem Friedhof vor dem östlichen Thor haben wir, scheint es, nur die einfachen Gräber gewöhnlicher Soldaten, die durch regelmässige Anordnung und Blumen und Sträucher das Aussehen freundlicher Anlagen mögen geboten haben.

Nur wenige Schritte südlich von diesem Rosengarten muss einst ein grossartiges Denkmal errichtet gewesen sein und zwar auf Kosten des Kaisers Maximinus Thrax. Dieser bei den Soldaten ausserordentlich beliebte Kaiser[3]) unternahm bekanntlich einen grossen und siegreichen Heereszug gegen die Germanen oder Alamannen (v. Wietersheim, Gesch. d. Völkerw. II 235). Capitolinus erzählt darüber folgendes c. 12, 1—4. Peter: ingressus igitur Germaniam transrhenanam per trecenta vel quadringenta milia barbarici soli vicos ⟨incendit⟩ — also 300—400 römische = 60—80 deutsche Meilen weit, wahrscheinlich von der Grenze an gerechnet, verbrannte er die Dörfer der Deutschen (Hansselmann, Beweiss etc. I 7 und andere übersetzen 30—40,000 Dörfer!); bei dem masslos hyperbolischen Stil der damaligen römischen Siegesberichte wird die Verwüstung in Wirklichkeit kaum halb so weit gereicht haben — greges abegit, praedas sustulit, barbarorum plurimos interemit, militem divitem reduxit, cepit innumeros, et nisi Germani a campis (die Hss. amnes) ad paludes et silvas confugissent, omnem Germaniam in Romanam dicionem redegisset. ipse praeterea manu sua multa faciebat, cum etiam paludem ingressus circumventus est a Germanis, nisi cum suo equo inhaerentem liberasset. habuit enim hoc barbaricae temeritatis, ut putaret imperatorem manum etiam suam semper debere. denique quasi navale quoddam proelium in palude fecit plurimosque illic interemit. Den Ort dieser Sumpfschlacht kann man nicht mehr ermitteln. An unzähligen Stellen, die jetzt trocken gelegt sind, waren dazumal Sümpfe. Völlig unbegründet bleibt die sehr weitschweifig deducirte Ansicht Hansselmanns, dass der fragliche Sumpf in der Nähe von Oehringen beim Dorfe Pfedelbach gesucht werden müsse; wie auch Hanssemann mit seiner andern Lieblingshypothese, dass Oehringen Arae Flaviae geheissen habe, sehr im Irrthum gewesen ist. Das aber ist äusserst wahrscheinlich, dass der Kaiser, der jedenfalls für das Zehntland und den Limes einiges gethan hat (v. Wietersheim, Gesch. der Völkerw. II 236), persönlich im Vicus Aurelii gewesen ist. Ganz nahe beim Orendelstein entdeckte man im J. 1741 das zierliche Fragment eines Postaments und einen Frauen-

---

1) Vgl. die Worte Werthers bei Göthe, Leiden des jungen Werther: »Ach, ich wollte, ihr begrübt mich am Wege, oder im einsamen Thale, dass Priester und Levit vor dem bezeichneten Steine sich segnend vorübergiengen, und der Samariter eine Thräne weinte.«

2) Hansselmann gibt I 45 an: drei mehrere Ellen lange Platten mit Inschriften seien auf der Untern Bürg gefunden, aber durch einen Müller elendiglich zerstört worden, was ihn zu dem Ausruf veranlasste: molitor redde inscriptiones!

3) Capitolin. Maximin. c. 8, 2 sagt, er habe die Soldaten praemiis et lucris amantissimos gemacht.

kopf aus Sandstein mit der Frisur einer römischen Kaiserin (abgebildet auf Taf. IV 1) und ausserdem folgende Inschrift aus dem J. 237: (C. Julius Verus) Maximinus (P. F. Aug. pont. ma)x. trib. pot. III (imp. V cos. proc)os. et (C. Julius Verus no)b. Caes. Das Facsimile möge man bei Hansselmann I tab. I und im C. I. Rh. nr. 1552 [1]) nachsehen; die im Klammern beigefügten Ergänzungen sind unzweifelhaft richtig; nur sind vielleicht noch einige weitere Wörter ausgefallen, bei Maximinus Germanicus und pater patriae und bei seinem Sohn ebenfalls Germanicus und princeps iuventutis. Der abgebrochene untere Theil des Denksteins ist nicht aufgefunden worden. Die Fassung des Kaisernamens im Nominativ beweist, dass das Monument im Namen und auf Kosten des Kaisers errichtet wurde. (Brambach, Baden unter röm. Herrschaft S. 7). Es ist diess die späteste bestimmt datierte württembergische Inschrift; vgl. S. 6. Aus dem Frauenkopf mit der eigenthümlichen Frisur schloss Hansselmann (I 30), dass beim jetzigen Orendelstein einst die Doppelstatue des Maximinus Thrax und seiner Gemahlin Paulina gestanden haben dürfte. Der Inschrift nach liesse sich sogar an eine dreifache Statue denken, wobei auch der Sohn des Kaisers vertreten war. Wahrscheinlicher indessen wegen der Nominativformen der Inschrift wird man annehmen, dass hier einst die Statue der Gattin des Kaisers Maximinus von ihrem Gemahl und ihrem Sohn aufgerichtet stand. Den Kopf selbst hat Hansselmann unvergleichlich falsch und schlecht abgebildet; dagegen wird man aus der von uns Taf. VI 1 mit Benützung des Originals und einer Photographie gegebenen Copie ersehen, dass allerdings dieser Kopf mit seinem sanften liebenswürdigem Ausdruck vollständig mit dem harmonirt, was Ammianus Marcellinus von Maximins Gemahlin berichtet: mit ächt weiblicher Sanftmuth und gutgemeinten Rathschlägen habe sie gesucht, den argwöhnischen Tyrannen auf den Weg der Wahrheit und der Menschlichkeit zurückzuleiten (lenitate feminea ad veritatis humanitatisque viam reducere utilia suadendo, Ammian. Marc. XIV 1, 8). Man wird sonach kaum umhin können, den diademgeschmückten Kopf als Porträt der Gemahlin Maximins, der sogenannten Paulina, so lange anzunehmen, bis durch einen andern Fund die Unrichtigkeit der Hansselmannischen Hypothese erwiesen ist. Vielleicht hätte die wenige Schritte von der Maximinusinschrift gefundene Sandsteininscription C. I. Rh. nr. 1553 Haug, röm. Inschriften von württemb. Franken S. 39 Licht über die Frage verbreiten können, wenn sie nicht sehr schlecht erhalten wäre. So aber bietet der Stein nur etliche sporadische Buchstaben, in welche niemand einen Sinn bringen wird, auch wenn sie richtiger als bisher veröffentlicht werden sollten. Meine zu Kirchberg gemachten Aufzeichnungen stimmen nemlich mit den bisherigen Publikationen nicht durchaus überein: sofern u. a. die Buchstaben NTM der zweiten Zeile auch NIM heissen könnten und der Anfang der Inschrift vielleicht lautete: ⟨IOVI DEP⟩VL⟨SORI ET⟩NIM⟨PHIS⟩ vgl. Orelli C. I. nr. 1231 die gleichlautende Inschrift, ferner die Nympheninschrift der Brittonen von Amorbach ibid. nr. 1627 und das Nymphenbild von Unterheimbach.

---

1) Nach genommenem Augenschein kann ich hinzufügen, dass vor MAXIMINVS. welches wie CAES ein eigenthümlich geformtes A hat, ein deutliches Punkt erhalten ist.

Das Denkmal war nur einige Schritte von der Nordmauer der Verschanzung entfernt, welche das Bad der Besatzung schützen sollte, und wir sind somit bei unsrem Ausgangspuncte wieder angekommen. Doch eben dieser Ausgangspunct, die Gegend am Orendelstein und dieser selbst, ist wohl noch einiger Betrachtung werth. Ich füge darum bei, was ich einst in einer Festrede über diesen Stein gesagt habe und verweise die wissenschaftliche Bekräftigung meiner damaligen Ansichten, die ich jetzt noch für richtig halte, in die Anmerkungen:

Es muss in jenen Tagen gewesen sein, als noch die schweren Hunnenzeiten frisch im Gedächtnis waren. da liess sich eine zweite Truppe Alamannen in Oehringen nieder (die erste, deren Spuren sich rasch wieder verlieren, waren die Eroberer des Vicus Aurelii, um's J. 270, gewesen) und nannte den Platz als Hauptort des Obrngaus Oringowe,[1]) von ihnen rühren die ältesten Flurnamen u. dgl. her. Als diese Leute, wir können sie unsere Voreltern nennen, festen Fuss hier fassten, fanden sie noch viele Spuren der einstigen Römergarnison des Vicus Aurelii vor. Sie sahen mehrere sorgfältig gepflasterte Strassen und nannten sie Altenweg, Hochstrasse und Heunengasse. Sie glaubten jenseits der Ohrn auf der Höhe, wo sich der Pfahlgraben hinzog, auch wieder Spuren der Heunen, d. i. der schrecklichen Hunnen zu entdecken und sprachen von einem Heunenberg und einer Heunenklinge. Aber die Hunnen hatten nur verwüstet, zerstört, höchstens durch die Erdwälle eines Lagers ihre Fähigkeit zu bauen auf deutschem Boden gezeigt; die gemauerten Festungswerke und Häuser, deren Trümmer auf der Oberen und Unteren Bürg noch standen, konnten nicht von König Etzel und seinen Bogenreitern herrühren. Und vollends das prächtige Denkmal, das Kaiser Maximinus in der Nähe des Bades und Pfahlgrabens aufgerichtet hatte, von dem gewiss noch Säulen und Statuen standen, das konnte unmöglich den wilden Söhnen der asiatischen Steppen zugeschrieben werden. Von wem mochte es wohl herrühren? Da gieng eine dunkle Sage, dass einst ein grosser König zu Trier gewaltet habe, Eigel (oder Eigil) mit Namen, der beste Schütze weit und breit, so dass er als ein Vorbild Wilhelm Tells dem eigenen dreijährigen Knaben den Apfel vom Kopfe zu schiessen wagte. Und wirklich traf er gerade mitten in das Ziel, so dass der Pfeil die Hälfte des Apfels mit sich riss und alles zusammen auf die Erde fiel.[2]) So spiegelte

---

1) „in villa Oringowe" a. 1037 Kausler, württ. Urkundenbuch I 264 ibid.: decimatio etiam omnium villarum in silva quae Orinwalt dicitur constitutarum." Der Ohrngau (vielleicht auch herzustellen aus dem Rangew der Urkunde vom J. 889, Kausler, württ. Urkundenb. I 192) war nur ein Untergau des Kochengaus, daher es z. B. von Pfahlbach a. 795 heisst: in pago Cochengowe . . . in loco Phalbach. Der Hauptgau heisst in der ältesten Zeit Kochengau, Choengowe = Cohengowe (Kausler, württ. Urkundenbuch II 463), wie noch jetzt Kochendorf geschrieben und Kochensteinsfeld u. dgl., nicht Kochersteinsfeld, gesprochen wird. Oringen heisst unsre Stadt noch auf der Federzeichnung von Graf Philipps von Hohenlohe (Befreiers der Niederlande) Leichenzug a. 1606, im fürstlichen Archiv. Auf der gleichen Zeichnung erscheint auch ein Herr von Kochenstetten und einer „zum Burgstall".

2) Nach dem Epos vom König Orendel war Eigel König von Trier, Simrocks Edda [3] S. 461; Königssohn und Königsbruder und Gemahl einer Walküre und Bruder von Wjlund oder Wieland und Schütze ist Eigil (Egill) schon in der älteren Edda, Simrock, Edda [3] S. 141 Einleitung zu Wölundarkwidha und diese selbst Strophe 5. Den Tellschuss erzählt — nach deutschen Liedern aus der Gegend von Bremen und Münster (siehe Simrocks deutsche Mythol. [3] 241) die Wiltinasaga c. 27 folgendermassen: „In dieser Zeit kam der junge Eigil, Wielands Bruder, an König Nidungs Hof, dieweil Wieland nach ihm gesendet hatte. Eigil war einer der wackersten Männer und hatte ein Ding vor Allen zum voraus: er schoss mit dem Bogen besser als irgend jemand anders; der König nahm ihn wohl auf und war Eigil da lange Zeit. Da wollte der König einsmals versuchen, ob Eigil so schiessen könnte wie von ihm gesagt war, oder nicht. Er liess Eigils dreijährigen Sohn nehmen und ihm einen Apfel auf den Kopf legen und gebot Eigiln darnach zu schiessen, so dass er weder darüber hinaus, noch zur linken noch zur rechten vorbei, sondern allein den Apfel träfe; nicht aber war ihm verboten, den Knaben zu treffen, weil man wusste, dass er schon selber es vermeiden würde, wenn er irgend könnte; und auch einen Pfeil nur solle er schiessen, und nicht mehr. Eigil nahm aber drei Pfeile, befiederte sie, legte den einen auf die Sehne und schoss

sich in deutscher Sage die wahre Geschichte jener römischen Kaiser des 4. Jahrhunderts, die, wie insbesondere Konstantin der Gr. zu Trier an der Mosel einen herrlichen Königssitz sich geschaffen, es mit Amphitheater, prächtigen Bädern, Thoren, Bildwerken, Villen und Parken geschmückt, [1]) und den theils feindlich anstürmenden, theils in ihrem Solde dienenden Germanen als trefflichste Schützen erscheinen konnten; denn gerade durch die Fernwaffen, durch ihre orientalischen und afrikanischen Bogenschützen und durch ihre ausgebildete Artillerie waren die späteren Römer im Vortheil gegen die nur im Nahkampf zu fürchtenden Deutschen. [2]) Man meint gewöhnlich, die Römer haben nur die Festungsartillerie gekannt; das ist aber für die spätere Kaiserzeit ein Irrthum, wo bei den Feldschlachten von den Römern ganze Batterien von Wurfgeschützen ins Gefecht geführt zu werden pflegten, die oft über $1/_2$ Viertelstunde weit ihre Steinkugeln, Nägelbalken und Brandpfeile schleuderten. [3]) Jener König Eigel war Wielands Bruder, des berühmten göttlichen Schmiedes der deutschen Sage, der die besten stahlharten Schwerter schmieden und die köstlichsten Schatzkleinodien von rothem Golde fertigen konnte. [4]) Wie hoch stand selbst in der letzten Zeit die römische Kunstfertigkeit über der deutschen! Welch herrliche silberbucklige Schilde haben sich als Römerspuren im deutschen Boden erhalten, [5]) und auch die Hildes-

mitten in den Apfel, so dass der Pfeil die Hälfte mit sich hinwegriss und alles zusammen auf die Erde fiel. Dieser Meisterschuss ist lange hochgepriesen worden und der König bewunderte ihn auch sehr und Eigil ward berühmt vor allen Männern und man benannte ihn Eigil den Schützen [woher noch jetzt der Familienname Schützeichel zu Bonn]. König Nidung fragte Eigiln, warum er drei Pfeile genommen habe, da ihm doch nur verstattet worden, einen zu schiessen. Eigil antwortete: Herr, ich will nicht gegen euch lügen: wenn ich den Knaben mit dem einen Pfeil getroffen hätte, so waren euch diese beiden zugedacht. Der König aber nahm dieses gut auf, und däuchte allen, dass er bieder gesprochen habe."
1) Ueber den grossartigen Eindruck, den Trier in damaligen Zeiten machen musste, vgl. in der freien Uebertragung durch Baemeister (alemann. Wander. 84) Auson. Mosella 20—26:
„Ein Kranz von Villen längs den Uferhängen,
Um rebengrüne Bergeshöhen spült
Der Strom mit leise schmeichelnden Gesängen,
Indess er sachte sich zu Thale wühlt
Und grüne Matten seinen Lauf umdrängen.
Gegrüsst, o Strom, der diese Thale kühlt,
Der solche Fluren, solche Menschen tränkt,
Der Belgien seine Kaiserstadt geschenkt! —
Da liegt sie, vor den andern allen prächtig,
Friedvoll gleichwie in einer Göttin Schoosse,
Doch männerzeugend, rüstig, waffenträchtig,
Ein Schirm und Schutz vor alamannschem Stosse!
Und rings umher, ein Gürtel breit und mächtig,
Schwingt sich der Mauern Ring, der riesengrosse.
Breit zieht und ruhig der Mosella Fluth,
Sie trägt der fernsten Länder Handelsgut."
2) Herodian. VI 7, 8 von Severus Alexander: ὁ δὲ Ἀλέξανδρος Μαυρουσίους τε πλείστους καὶ τοξοτῶν ἀριθμὸν πολὺν ἐπαγόμενος ἀπὸ τῆς ἀνατολῆς ἔκ τε τῆς Ὀσροηνῶν χώρας, καὶ εἴ τινες Παρθυαίων αὐτόμολοι ἢ χρήμασιν ἀναπεισθέντες ἠκολουθήκεσαν αὐτῷ βοηθήσοντες, ἐξῄρτυε δὴ τοῖς Γερμανοῖς ἀντιτάξων. μάλιστα γὰρ τοιοῦτος στρατὸς ὀχληρὸς ἐκείνοις γίνεται, τῶν τε Μαυρουσίων πόρρωθεν ἀκοντιζόντων καὶ τὰς ἐπιδρομὰς τάς τε ἀναχωρήσεις κούφως ποιουμένων, τῶν τε τοξοτῶν ἐς γυμνὰς τὰς κεφαλὰς αὐτῶν καὶ σώματα ἐπιμήκη ῥᾷστα καὶ πόρρωθεν κατὰ σκοποῦ τοξευόντων.... Armenische Bogenschützen im Heere Maximins ausser den osrhoenischen, maurischen und parthischen erwähnt Herodian VII 2, 1 und Lampridius sagt Alex. Sever. c. 61, 8 Peter, Maximins Heer sei bei dessen Feldzug gegen die Deutschen potentissimus gewesen per Armenios et Osdroenos et Parthos. Noch zur Zeit Constantins sagt Capitolinus Maximin. c. 11, 8: nulli magis contra Germanos quam expediti sagittarii valent.
3) Vgl. Pauly-Teuffel Realencyclop. I ² 2249 f.
4) Wölund, Egills Bruder, schmiedet (nach der Wölundarkwidha 3—5) köstliche Kleinode und ist der Sohn eines Finnenkönigs; als eine Art Zauberkünstler, wie Dädalus, muss er von den zauberkundigen Finnen stammen; siehe Lüning, Edda S. 296.
5) Vgl. Lindenschmit, Alterth. unserer heidn. Vorzeit I V 5.

heimer Prunkschalen mochte der Deutsche, dem sie zur Beute fielen, gern als ein Werk Wielands, des göttlichen Schmiedes, betrachten! Eigels Sohn aber war Orendel, in der ältesten Göttersage Aurwandil und Oerwandil genannt, der vom Gott Thor selbst durch die urweltlichen Eisströme getragen wird.[1] »König Orendel von Trier«, so heisst es im alten Heldenbuch, »war der allererste Held, der je geboren ward. Der fuhr übers Meer mit vielen Schiffen; denn er war ein mächtiger König. Da giengen ihm die Schiffe alle unter. Doch kam er mit Hilfe eines Fischers ans Land, war lange Zeit bei dem Fischer und half ihm fischen. Darnach kam er gen Jerusalem zum heil. Grabe. Da war seine Frau eines Königs Tochter, die war geheissen Brigida, das war eine schöne Frau. Darnach ward dem König geholfen von andern grossen Herren, dass er wieder kam gen Trier, und starb da, und liegt zu Trier begraben.«[2] Dieser König Orendel oder Oerwandil, der die ganze Welt durchzieht, den kein Eisstrom und kein Schiffbruch abhält, der selbst ins ferne Morgenland bis zum heil. Grabe gekommen, das ist der Orendel, dem unsere Urväter das Denkmal an der Strasse nach Cappel (Neuenstein, Hall) zuschrieben.[3] Wie

1) König Eigel von Trier war Orendels Vater. Grimm, Mythol. 347. In der Edda heisst Orendel Oerwandill. die Identificierung beider Namen ist sprachlich ganz richtig, siehe G. Eschmann in Haupts Zeitschr. für deutsches Alterthum XI 1859, 168. Der Mythus von ihm in der Edda, bei von der Hagen, der ungenähte Rock Vorr. S. XX nicht ganz richtig gegeben, lautet nach Simrock, deutsche Mytholog.[8] S. 237 folgendermassen: Beim Kampf gegen den Riesen Hrungnir war dem Thor ein Schleifstein ins Haupt gefahren. Die Weissagerin Gróa, die Frau Oerwandils des Kecken, singt ihre Zauberlieder über Thor, und schon wird der Stein lose: da will ihr Thor die Heilung durch die Zeitung lohnen, dass er von Norden her durch die Eliwagar gewatet sei und den Oerwandil im Korbe auf dem Rücken aus Riesenheim getragen habe. Zum Wahrzeichen gab er an, dass ihm eine Zehe aus dem Korbe vorgestanden und erfroren sei. Er habe sie abgebrochen, an den Himmel geworfen und das Sternbild daraus gemacht, das „Oerwandils Zehe" heisse. Auch sagte er, es werde nicht lange mehr anstehen, bis Oerwandil heimkomme. Hierüber ward Gróa so erfreut, dass sie ihre Zauberlieder vergass, und so steckt der Stein noch in Thors Haupte. Dämisögur 59. Diese Erzählung beruht sich auf ein Gedicht des neunten Jahrhunderts (Höstlang). Wenn die Sage von Eigel in der Tellssage fortlebt, so weist diess darauf hin, dass sie den süddeutschen Alamannen wohl bekannt war, und wenn Orendel ausdrücklich der älteste aller Helden genannt wird und dem Mythus eine tiefe Natursymbolik zu Grunde liegt (Uhland, prosai. Schriften VI 29 vgl. Müllenhoff, deutsche Alterthumskunde I 33 ff.), so ist die Sage gewiss viel älter, als das neunte Jahrhundert, aus welchem bereits ein fuldischer Abt Orentil († 822) und (a. 844) ein bairischer Graf Orendil bezeugt sind, Eccard Fr. or. II 367. Grimm, Mythol. 348 f. Zeugnisse für das Vorkommen des Namens (Orentil, Orendil, Orandil) schon im achten Jahrhundert und ausser bei den Franken und Baiern (Alamannen) auch bei den Langobarden in den Formen Auriwandalo und Auriwandulus weist Mone, Heldensage S. 74 nach, vgl. Förstemann I 184. Bekanntlich liebten es unsere Voreltern, ihren Kindern die Namen der grossen Sagenhelden beizulegen. Auch die Steinwaffe Hrungnirs spricht für ein hohes Alter.

2) A. v. Keller, das deutsche Heldenbuch S. 1: Künig ernthelle von Trier was der aller erste held der ye geboren ward. Der fuor über möre mit vil schiffen, wann er was gar ein reicher künige. Da giengen jm dye schiffe alle vnder. doch kam er mit hilff eines fischers ausz. und was lang zeit bey dem fischer vnd halff jm fischen. Darnach kam er gen Jerusalem zuom heiligen grabe. Da was dein fraw eins künigs tochter. Die was gehelssen fraw Brigida, was gar ein schöne fraw. Darnach ward dem künig gehollffen von andern grossen herren das er wider kam gen Trier. Vnd starb da. vnd leit zuo Trier begraben. Also ertruncken jm alle sein diener. vnd ferlor gar vil guotz auf dem möre. Eine ausführliche Analyse des Spielmanngedichts vom König Orendel findet man bei Müllenhoff a. a. O.

3) Diese Heldensage von Orendel, deren ganzes Gewebe in auffallendem Grade an die Odyssee mahnt (Grimm, Mythol. 347), scheint hervorgegangen zu sein aus jener Vermengung germanischen und byzantinisch-römischen Wesens, wie sie das Lagerleben des vierten bis siebenten Jahrhunderts mit sich bringen musste. Man vgl. was ich in den Untersuchungen über die Geschichte der griechischen Fabel S. 322 geschrieben habe. „Freilich wirft Grimm die Frage auf, warum denn die Deutschen eben solche Thierfabeln aus Konstantinopel hätten mitbringen sollen, nicht andere weit ansprechendere griechische Dichtungen? Allein der Heerdienst und das Lagerleben musste die Deutschen im byzantinischen Reich gerade am meisten mit denjenigen Volksschichten in Verkehr setzen, welche Märchen und Fabeln fortzupflanzen am geeignetsten waren: ihr gesunder Sinn verschmähte nun zwar das unheimliche und gespenstige Element, welches den östlichen Wundergeschichten anhaftet; desto begieriger machten sie die ihrer Natur verwandten Stoffe der Fabel sich aneignen, zumal da sie sicherlich schon einen heimischen Schatz von märchenhaften Thierfabeln besassen, in welchen sich die entgegenkommende Erzählung bequem und gefällig wie

eine Reihe bedeutender Römerdenkmale in den Rheinlanden, in Mainz, Trier und Cöln, nach jenem sagenhaften König Eigel Eigelsteine[1]) genannt wurden, so wurden einige von Trier weiter abgelegene

von selber einreihte." An Odysseen aber war, wie Simrock, deutsche Mythol.[3] S. 252 sagt, die deutsche Sage reich: das Ziel der Reise, ursprünglich (vgl. Simrock, deutsche Mythol.[3] S. 177) die Unterwelt, wurde erst in der christlichen Zeit in das Grab des Erlösers oder das gelobte Land verwandelt. Schon Tacitus German. 3 erwähnt einen Ulixes in deutschen Landen als Erbauer der Veste Asciburgium. Im römischen Rheinland war er auf Kunstwerken dargestellt (Relief bei Bierbach unweit Blieskastel in der Pfalz, Hefner, röm. Bayern[3] nr. 47 S. 308: Ulixes und Achill bei Lycomedes, und eines aus Remchingen in Baden, jetzt im Karlsruher Lapidarium nr. 33, Fröhner, Samml. vaterl. Alterth. I S. 14: Ulixes und die Sirenen.).

1) Eigelsteine zu Mainz, Trier, Cöln, Grimm, Weisthümer II 744; auch zu Lüttich („ein gewisses Gefängnüss") Ch. G. Blumberg, das Neroni Claudio Druso bey der Stadt Mäntz vormahls aufgerichtete Grab- und Gedächtnüss-Mahl S. 206 und zu Mannheim, Leichtlen, Schwaben unter den Römern 171. Gewöhnlich lautlich und sachlich falsch mit aquila zusammengebracht, statt mit Orendels Heldenvater. Der Cölner Eigelstein soll am nördlichen Stadtthor gewesen sein; eine Eichelsteinpforte und Eichelsteingasse daselbst erwähnt noch Blumberg, a. a. O. S. 206 aus dem J. 1700. Der Mainzer Eigel- oder Eichelstein, einst eine Pyramide, Blumberg, a. a. O. S. 206. 210—217 war ausserhalb der Stadt auf dem S. Jakobsberg S. 206. 217 und es wurden bei Erbauung der S. Jakobsschanze unter der Erde „etliche Antiquitäten von Seulen, darinnen Bilder und Schriften zu sehen, gefunden" S. 218. Vom Mainzer Eigelstein sagt schon Math. Merian topogr. archiep. Mogunt. fol. 5 fast ganz richtig, er habe seinen Namen nicht von der Figur einer Eichel, sondern von einem gewissen „heydnischen Fürsten Eigil," dessen Asche unter diesem Stein begraben läge. ibid. „Es war auch vor zeiten ein Pyramis oder Thurn-Grab allhie Drusilacium oder Druseloch genent, so aber nicht mehr vorhanden": offenbar das gleiche mit dem Eigelstein. Die Bezeichnung „Stein" für römisches Steindenkmal ist zwar bis jetzt noch nicht von den Forschern erkannt und verwerthet, aber ausserordentlich gewöhnlich. So stand z. B. einst an der Landstrasse zwischen Altstätten bei Zürich und Schlieren eine rohe römische Herme unter dem Namen „der Kindlistein", Haller, Helvetien unter den Römern II 144 und die alte Malstatt zu Cannstatt (einer bekannten Römercolonie) hiess „der Stein", wo Karlmann die alamannischen Häuptlinge, die er dorthin geladen hatte, zusammenhauen liess (Bacmeister, alemann. Wander. 56). Auf dem „Stein" zu Baden (der einstigen Römerstadt im Aargau) hielt König Albrecht noch seine Maienfahrt kurz ehe er durch Mörderhand seinen Tod fand (vgl. Joh. v. Müller, Geschichten schweizerischer Eidgenossenschaft in betr. Kapitel). Am „Steinbrunnen" bei Pappenheim findet man römische Häuser, Schalen u. s. w., v. Raiser, Oberdonaukreis II 97. Die Ortschaften Stein am Rhein, Steinberg, Steinwenden, Steindorf, Kaiserstein, Birglistein und viele andere, dazu zahllose Fluren, deren Namen mit Stein zusammengesetzt sind, sind Fundstätten römischen Alterthümer. Man nannte solche „Steine" auch mit anderer Helden Namen, als gerade mit denen Eigels und Orendels. Auf der Mitte des Feldbergs bei Frankfurt ist ein schon a. 1043 bezeugter Brunhildenstein Johannis res Mogunt. II 514 und bei Kehl in der Ortenau ein Krimhildenstein Wilh. Grimm, deutsche Heldensage 155. Eigel oder Eichel aber, bisweilen, wie es scheint, zu Eich verkürzt, deutet sehr häufig auf Römisches. An der römischen Consularstrasse zwischen der Solitüde bei Stuttgart und Feuerbach-Canstatt finden wir den Flurnamen Eichelgärten d. i. von den Römern eingefriedigte Plätze. Das berühmte Denkmal von Igel steht an der ehemaligen Consularstrasse von Trier nach Rheims, Quednow, Beschreib. der Alterth. von Trier II S. 99. Zu Eichelberg in Baden wurden sehr namhafte römische Alterthümer gefunden, Christ, monum. Rhen. Palat. S. 30 „Hügelgräber aus der Zeit der römischen Occupation" hat man auf dem Aichelberg bei Darmsheim O. A. Böblingen geöffnet, Schriften des württemb. Alterthumsver. I. Bd. VII. Heft 1866 S. 78. Bei Iggelsheim in der Pfalz wurde ein römischer Altar mit Götterbildern ausgegraben, Hefner, röm. Bayern[3] nr. 24 S. 304. Der Aichberg bei Ens, ein römischer Begräbnisplatz (Gaisberger, archäolog. Nachlese III 265), und die Tour de chêne an einer Heidenweg und Hochgemäuer genannten Römerstrasse bei Aventicum (Haller, Helv. unt. d. Röm. II 185) mögen nebst manchen andern Composlten mit „Aich" dem missverstandenen Eigel ihren Namen danken. Andererseits hat freilich der Name Eichelberg häufig auch keinerlei Beziehung auf römische Denkmäler, wenn auch angeblich römische Wartthürme auf Ihnen standen, wie auf dem bei Kirchheim unter den Teck (v. Gok, röm. Alterthümer und Heerstrassen der schwäbischen Alp 72), sondern er bezieht sich auf Eichenwälder. Ebensowenig ist dann wieder alles Römische gerade auf die Helden Eigel und Orendel zurückgeleitet worden. An einem muthmasslichen Römerweg bei Bonlanden auf den Fildern hatte der bärtige Held Otte seinen Ottenbrunnen (v. Gok, röm. Alterthümer und Heerstrassen 67); eine thorartige 20' breite Oeffnung im römischen „Heidengraben" oder -wall bei Grabenstetten führt den Namen Wigandstum (v. Gok, röm. Alterthümer und Heerstrassen 35). Auch der Recke Walter hat einem Römerwall nördlich von Homburg den Namen Waltersgraben verliehen (vgl. K. Arnd, der Pfahlgraben S. 19); an den Riesen Ecke erinnern drei Fundplätze vieler römischen Münzen in Oberbayern: Eckstätten, Eglingen und Egenhofen (vgl. Hefner, röm. Bayern[3] S. 296).

Römermonumente seinem weitgereisten Sohne, dem König Orendel zugeschrieben, und wir finden nicht bloss hier, sondern auch in Tirol (einst alamann.)[1]) einen Rendelstein, und der Name Orendel ist auch bei Horb, im Elsass und in der nächsten Nähe, in Orendelsall, noch anzutreffen; an letzterem Orte hat auch Orendels Vater seinen Eigelberg.[2]) Leider sind die Urkunden, die über Orendelsall uns Auskunft geben könnten, durch Brand vernichtet; aber es findet sich dort noch das Gruftgewölbe eines uralten Kirchleins, und da in den Zeiten der Einführung des Christenthums es ein gewöhnlicher, am Rhein noch in vielen Fällen nachweisbarer Gebrauch war, die Säulen der umliegenden Römermonumente zum Bau der Kirchen und Klöster zu verwenden,[3]) so kann es mit dem Namen Orendelsall, der jedenfalls von keinem heil. Orendulus herrührt — denn es gab nie einen solchen[4]) — mit diesem räthselhaften Namen kann es sehr leicht die Bewandtnis haben, dass die Säulen zu der dortigen Kirche von den Orendel-

---

1) Vgl. S. 2.

2) An der Sarner Strasse über dem Sarnthal bei Botzen ist eine alte Burg Rendelstein, Bädekers Deutschland 1864 I 133. Ein Flurname Orental bei Horb. Orendal im badischen Glotterthal (Mittheilung von V. Scheffel). Rendelshusen a. 1083 wahrscheinlich im Elsass. Ferner eine Gemeinde Rendelbach bei Ellwangen und ein Nebenbach der Murg Rendelbach, welch letzterer freilich im Schenkungsbuch des Klosters Reichenbach Rennielbach heisst, Kausler, württemb. Urkundenbuch II 412. 413. Dass schon die Römer die Flösserei auf der Murg betrieben, ist bekannt. Der Anlaut O wird in hiesiger Gegend im Namen Orendel (schon seit Jahrhunderten) weggelassen; das Volk spricht nur vom „Rendelstein" und von „Rendelsall" oder „der Rendel" scil. Sall. Gerade diese Aussprache mag auch ein Beweis dagegen sein, dass der Orendelstein als Ohrnthalstein gefasst werden könnte, welche Deutung übrigens meines Wissens auch noch nie aufgestellt worden ist.

3) Diese — von der amtlichen Oberamtsbeschreibung nicht erwähnte — Crypta wurde vor Jahren von Director Albrecht untersucht; jetzt ist sie verschüttet und vermauert. Das Citat über die am Rhein zum Bau der Kirchen und Klöster verwendeten römischen Säulen — in den Jahrb. der Alterthumsfr. im Rheinl. — kann ich im Augenblick nicht finden; in Beziehung auf Cöln vgl. Jahrb. der Alterthumsfr. im Rheinl. XXXVII 67. 70. Römische Alterthümer hat man zu Orendelsall nicht gefunden, auch in hiesiger Gegend weit und keine Andeutung davon, dass die Römer oder die älteren Alamannen Christen gewesen wären. Dagegen weiss man von den römischen Garnisonen in hiesiger Landschaft und von den zu Nordendorf begrabenen Alamannen (vgl. Dietrich, sieben deutsche Runeninschriften in Haupts Zeitschrift f. deutsches Alterth. XIV 1867) mit Bestimmtheit, dass sie Heiden waren. Und warum sollten nicht auch wirklich von den in den Steinbaukunst wenig bewanderten (späteren) Alamannen (vgl. Bacmeister, alemann. Wanderungen 61) beim Bau ihrer Basilicae (deren eine z. B. beim Ausfluss der Ohrn in den Kocher in dem abgegangenen Ort Wächlingen Wachalincgheim (Wachalinga a. 779, Kausler, württemb. Urkundenb. II 438) erwähnt wird a. 795, Ställn, württemberg. Beschreibung I 319) Säulen und andere behauene Steine aus den verödeten römischen Burgen der Umgegend herbeigeführt und verwendet worden sein?

4) Eine Handschrift von Herolds Chronik von Schwäbisch-Hall enthält nach von der Hagen, der ungenähte graue Rock Christi Vorrede S. XX folgende sinnlose Erzählung: „Ein Einsiedler Orendel bewohnte Orendels Saal an der Saale in der Grafschaft Hohenlohe, und dorthin wallfahrteten, die an den Ohren litten." Und Hansselmann, Beweiss etc. II 333 sagt vom Sallgau: „Mangoldsall, Langensall, Kirchensall, Mainhardtsall, Hohensall, Tieffensall, St. Orendelsall etc., als welche Orthe insgesammt uralt und in unseren ältesten Urkunden gar oft vorkommen, unter denen insonderheit St. Orendelsall, wegen eines Eremiten, Orendel, genannt, der in selbiger Gegend in der Einsamkeit sein Leben zugebracht, und allda begraben seyn solle, in vorigen Zeiten berühmt gewesen, nach welchem auch hernach der Ort selbsten diesen Namen bekommen hat." Die Beschreibung des Oberamts Oehringen vom statistisch-topographischen Bureau 1865 S. 311 führt den Namen auf das vermuthete Nomen proprium eines Grundbesitzers zurück, wogegen aber der Eichelberg bei Orendelsall und der Oehringer Orendelstein Einsprache zu erheben scheinen. Dann fährt sie fort: „Eine ganz ungeschichtliche Sage lässt den Ortsnamen auf einen Einsiedler zurückweisen, der schon zu Kaiser Ludwigs des Frommen Zeiten hier eine Zelle gebaut habe, und von dem auch ein Bildstein bei Oehringen den Namen erhalten habe, weil er dort sein Gebet verrichtet habe. . . . Crusius in seiner schwäbischen Chronik erzählt, dass im 15. Jahrhundert Wallfahrten nach Orendelsall und Schuppach (an der Ohrn), namentlich von tauben Leuten, Statt gefunden haben." Irgend ein Zusammenhang zwischen dem fabelhaften in hiesiger Gegend begrabenen Orendulus und dem angeblich zu Trier begrabenen Königssohn und Heiligen Orendel, der den ungenähten grauen Rock aus dem gelobten Lande brachte, ist nicht ersichtlich. Hier zu Lande weist keinerlei schriftliche oder mündliche Traditoin nach Trier.

steinen (d. i. bedeutenderen Römerdenkmalen) in der Nähe, von Oehringen, Sindringen, Jagsthausen und seinem Römerbade genommen worden sind. Der Oehringer Orendelstein war in der ersten Alamannenzeit, gleich den Eigelsteinen am Rhein (nach J. Grimm [1])), wahrscheinlich Dingstätte, d. h. der Ort, wo das Volk des ganzen Ohrngaus zu öffentlichen Berathungen und zur Rechtspflege sich versammelte. Nach dem Aufhören dieser alten Einrichtung verlor auch der Orendelstein seine Bedeutung; doch trug man für seine Erhaltung noch einige Sorge: die hiesige Bäckerzunft nahm sich seiner an, wesshalb auch die Form eines Weissbrods auf dem Steine ausgehauen ist. Heute, mehr als 1000 Jahre nach der Schöpfung seines Namens, zeigt er sich zusammengesetzt aus einem römischen Säulenstrunk und einem christlichen Bildstock darauf, die Kreuzigung unseres Heilandes vorstellend.[2]) Diese Gestalt des Steins stammt aus dem J. 1714 und ist bloss eine Restauration seiner früheren Gestalt von 1519. An den Stein gelehnt, jetzt unter dem Boden, ist ein christliches Relief aus Sandstein, Todtenkopf mit Todtenbeinern, ein sogenanntes Memento mori. An der Landstrasse nach Cappel stehend sollte der Stein den Vorübergehenden mahnen, an Christum zu glauben und seiner Sterblichkeit sich zu erinnern. Jetzt steht er nicht mehr genau auf der Stelle, die er ursprünglich einnahm. Erst im J. 1847 bei einer Veränderung der Strasse musste er um einige Schritte verrückt werden. Das Memento mori mit den Schlangen und Würmern, die als Zeichen der Verwesung darauf angebracht sind, hatte die Sage veranlasst, unter dem Steine liege ein heil. Orendulus begraben, der einst dadurch einen jämmerlichen Tod gefunden habe, dass ihm während des Schlafs eine Schlange in den Mund kroch; man wollte auch den unterirdischen Gang [3]) kennen, der unser Denkmal mit Orendelsall verbinde und dem Heiligen einst möglich gemacht habe, den Verfolgungen der Heiden zu trotzen und bald in Orendelsall, bald in Oehringen als Verkündiger des Evangeliums zu wirken. Man untersuchte den Platz und fand kein Grab, wohl aber eine Brunnenstube mit einem Dohlengang bis zur Ströllerquelle, also die ursprüngliche römische Wasserleitung, welche das Bad der Besatzung speiste.

---

1) J. Grimm, Weisthümer II 744 ist gesagt, dass der Eigelstein zu Cöln und zu Igel (das Secundinerdenkmal) bei Trier und wahrscheinlich auch der von Mainz (Drusilacium, Druseloch genannt vergl. oben S. 36) Dingstätten waren. Von dem Mannheimer (Leichtlen, Schwaben unter den Römern S. 171) und dem Lütticher spricht er nicht. Der Gunzenlo, Conciolegum eig. Grab- oder Denkmal des nicht sicher zu erweisenden Cunzo oder Gunzo = die Dingstätte bei Augsburg und der Birhtinlê, Denkmal eines nicht zu erweisenden Perahtold oder Birhtilo = die Dingstätte bei Rottenburg (Sumalocennae) vgl. Pfeiffer, freie Forschung S. 287, dürften ebenfalls für den Orendelstein bei Oehringen als Dingstätte zu Gerichts- und Heerversammlungen sprechen. Modernisirt zu Kanzel taucht der Kunzele in unserer nächsten Nähe, bei Niedernhall, wieder auf, als Name des grössten der dortigen Grabhügel, der wahrscheinlich einem germanischen König gehörte.

2) Solch ein aus römischen Trümmern zusammengeflicktes Denkmal ist in der Schweiz die Römersäule aus Lavastein auf der Höhe des Julierpasses, „ohne Zweifel ein Ueberbleibsel eines alten Bauwerks von gottesdienstlicher Bedeutung." Historischer Verein von St. Gallen, die Schweiz unter den Römern S. 6. Dass der untere Theil des Orendelsteins ein römisches Säulenfragment ist, kann niemand bezweifeln. Es ist das bei weitem die wahrscheinlichste Auffassung. Sein Material, der gelbe Sandstein, ist hier notorisch von den Römern zu ihren Säulen verwendet worden, und neben der Stelle, wo sie steht, stösst man noch heute im Boden auf römische Substructionen von gelbem Sandstein oder Kalkstein. Vgl. auch den Flurnamen „zur Saul" in Pfullingen O. A. Reutlingen, wo allerlei Römisches gefunden wurde, v. Gok, röm. Alterth. und Heerstr. S. 86.

3) Diese aller Orten wiederkehrende Fabel von geheimen Gängen, wie sie nicht bloss an fast jeder Römerstätte (z. B. in der Nähe noch an der einstigen Römervilla bei Rückertshof), sondern auch an allen Klöstern und Burgen des Mittelalters haftet, beruht bisweilen auf uralten unterirdischen Wasserleitungen, wie gerade in unserm Falle. Brunnenstube und Wasserleitung am Orendelstein wurden erneuert ZV DER ZEIT 1516 (Hansselmann, Beweiss etc. II 140); 3 Jahre nachher, 1519, erhielt der Orendelstein seine heutige Gestalt. In welch ansehnliches Alter die Brunnenstuben bisweilen zurückgehen, beweist u. a. eine bei Riedlingen (also auch im Decumatland), wo mehrere bronzene Celte gefunden worden sind (württemb. Antiquarium nr. 65, früher 109).

Vierhundert Schritte vom Orendelstein zog der Limes an Oehringen vorbei und offenbar war der. auffallende Winkel, welchen die Ohrn an der Stelle macht, wo er den Fluss aus andern Gründen überschritten haben dürfte, von den Römern zu Befestigungszwecken ausgebeutet worden. Auch scheinen dort beide Ufer durch eine Brücke verbunden gewesen zu sein.¹) Jenseits ist die Flur Cappelrain d. i. der zur Markung des Dorfs Cappel gehörige Rain — doch greift der Name etwas über die wirkliche Markungsgrenze hinaus. Diese Flur durchzog der Limes, von den späteren Deutschen Cappelrain, wüster Rain und bloss Rain, bei Pfedelbach wie bei Pfahlbach wieder Döbel genannt. Vorgeschoben am linken Ohrnufer lag dicht vor dem Pfahlgraben ein römisches Fort (vgl. H. Bauer in der Zeitschr. für württ. Franken 1861 S. 436), dessen Spuren wie sonst in Süddeutschland Burgstall genannt werden. Die Verschanzung, auf dem Hornberg (entstellt aus Ohrnburg?), ist ein mit Wall und Graben umgebenes Oblongum, 225' lang, 100' breit mit abgerundeten Ecken — eine allgemeine Eigenschaft vieler römischer Forts —; vor hundert Jahren soll der Graben noch 5' breit und 5' tief, der Wall 16' hoch und 6' breit gewesen sein, vgl. die statist. topogr. Oberamtsbeschreibung S. 198. Das Fort hatte einen eigenen Ziehbrunnen²) und war zur Wachstation (statio) trefflich geeignet; denn es bot eine weite Aussicht ins obere Ohrnthal und namentlich in der Richtung Künzelsau und Waldenburg.

Von jenem Ohrnübergang aus führt der Pfahlgraben in gerader Richtung südöstlich nach Mainhardt, und zwar hat er von der Gegend von Harsberg an, zwischen Pfedelbach und Gleichen, 1 Stunde südlich von Oehringen, beim Volk den Namen Säugraben, während schon vorher bei Pfedelbach die Flur »auf dem Döbele« und hinter Mainhardt wieder der »Döbelwald« mit der erst vor kurzem abgegangenen »Döbelhütte« die eigentlich hohenlohische Benennung des Walles noch bieten.³) Der Limes zeigt sich hier theils (wie auch nördlich von Jagsthausen) als Markungsgrenze, zwischen Cappel und Oehringen, Gailsbach und Lachweiler, Mainhardt und Hütten u. s. w., theils als Weg, so längs dem Kirchhoffeld zu Mainhardt, theils als eigentlicher »Säugraben«, Graben mit Wall, stellenweise noch fast 10' tief.⁴) Auch von einigen Wachhäuschen wurden die Grundmauern ausgegraben (Paulus, der röm. Grenzwall vom Hohenstaufen bis an den Main S. 28—30. O.-A.-Beschreib. von Weinsberg S. 125. 126). Ein Badbrunnen,⁵) der vielleicht schon zur Römerzeit benützt wurde, ver-

---

1) Es sind noch auffallend viele künstlich dorthin gebrachte, behauene und unbehauene Sand- und Kalksteine an dem Uebergangsplatz.

2) Beobachtung des verstorbenen Directors Albrecht.

3) Die südlichste Spur des landesüblichen Namens für den Limes ist der Familienname »Debler« in Gmünd, 5 St. südöstlich von Murrhardt; der nördlichste Punkt der Benennung Säugraben ist dagegen etwas südlich von Osterburken.

4) Auch bei Mainhardt zeigt der Limes streckenweise deutlich eine auf seinem Rücken hinlaufende Vertiefung, wie bei Pfahlbach. Ferner ist bemerkenswerth, dass man — wie auch in der unteren Maingegend (K. Arnd, der Pfahlgraben 2. Aufl. p. 17) — unfern der Döbelhütte den Limes als doppelte Verschanzung wahrnimmt.

5) Der steinerne Löwenkopf, mit dem er geschmückt war, kam vor wenigen Jahren nach Stuttgart.

schaffte dem jetzt unbedeutenden Mainhardt im Mittelalter den Ruf eines Curorts; zur Römerzeit war es eine Grenzfestung zweiten Rangs, ungefähr von gleicher Wichtigkeit wie Jagsthausen, vgl. hauptsächlich Hansselmann, Beweis etc. I 68—73. Paulus, der röm. Grenzwall S. 23—27. O.-A.-Beschr. von Weinsb. S. 125—129. Man fand hier Reste von römischen Bollwerken und Häusern, sehr feste Mauern aus Quadersteinen (Hansselmann I S. 70), Heizröhren (Paulus, röm. Grenzwall S. 25), römische Gräber (Hansselmann I 68) mit Urnen und Lampen, besonders auf dem sogenannten Kirchhoffeld am Limes — schon a. 1690 —; allerlei sonstige Gefässe (S. 70), auch Pfeile (S. 71. 72) und Speerspitzen (S. 71), Postamente aus Sandstein (S. 72), drei jetzt zertrümmerte Statuen (S. 71 und Stuttg. Lapidarium nr. 71. 72), das Bruchstück eines Altars (Hansselmann I S. 71), das Reliefbild eines Opferkrugs an einem andern Altar (C. I. Rhen. nr. 1624), einen Becher von schwarzgrauem Marmor (Hansselmann I S. 71). Die Lage des Castells, das nach Paulus ein Quadrat von 470' Länge mit abgerundeten Ecken bildete (Paulus, röm. Grenzwall S. 24), war wie die von Oehringen und Jagsthausen sehr fest, indem auch hier das sich um die Höhe windende Wasser — die Brettach — ausgenützt worden war. Inschriftlich ist constatiert (C. I. Rh. nr. 1625), dass von der XXII. Legion, die ja über unsern ganzen Landstrich bis zu ihrem eigenen und der römischen Herrschaft Untergang verbreitet war, auch zu Mainhardt ein Theil in Garnison lag. Unklar und sehr zerstört ist eine zweite Inschrift (C. I. Rhen. nr. 1621, revidirt bei Haug, Inschr. von württ. Franken S. 32), die uns sagen zu wollen scheint, dass eine Cohorte Asturier mit theilweise dalmatischen Subalternoffizieren hier stationirt gewesen sei.[1]) Endlich können wir den Inschriften noch die Verehrung des Juppiter O. M. (C. I. Rhen. nr. 1622) und die keltisch-römischen, auch sonst vorkommenden Namen zweier Einwohner Adnamatius Victorinus und Adnamatia Sperata (nr. 1623) entnehmen. Einige römische Münzen aus der Nähe von Mainhardt besitzt der württembergische Alterthumsverein (Rechenschaftsbericht 1847 S. 13); aus welcher Zeit kann ich leider nicht angeben (siehe die Anm. der folg. Seite). Ein Marc Aurel, jetzt zu Kirchberg, ist oben S. 5 erwähnt worden.

Ebensoweit nördlich von Oehringen, als Mainhardt südlich, finden wir bei Jagsthausen wiederum eine kleine römische Festung. Die directe Verlängerung der die beiden Oehringer Bürgen von einander trennenden alten Strasse bildet noch jetzt ein sonderbarer Weg, der den heutigen Ortschaften absichtlich auszuweichen scheint. Er geht über die Fluren Kreuzstein (woselbst ein römisches Wachhaus gestanden haben soll, Paulus, röm. Grenzwall S. 34; vgl. auch unten bei Rückertshausen das Kreuzholz), Pfahläcker, Schildwache, Jonasfeld, »in der Wach« an den Pfahldöbel und die Burgwiesen bei Pfahlbach. Halten wir uns

---

1) Haug, röm. Inschriften von württemb. Franken S. 31 ff. liest die Inschrift folgendermassen: Dis Manibus sacrum (Sanco?) Maximo Dasantis (filio), mensori cohortis (primae?) Asturum . . . . . stipendiorum XVIII, annorum XXXVIII, civi (colono?) Dalmatae ex municipio Magab. (?), et Batoni [so auch Stälin, Verzeichniss der in Württemberg gefundenen römischen Steindenkmale S. 34] Beusantis (filio), optioni cohortis supra scriptae, et itidem (?) stipendiorum XVIII, annorum XL, ex municipio Salvi(a?) Apies Incopionis (?) . . . .

von da am Pfahlgraben, dessen Lauf hier durch den Flurnamen Pfahläcker [und ausgegrabene Wachhäuschen, nach Paulus in der statistisch-topographischen Oberamtsbeschreibung von Oehringen S. 98] bezeichnet ist, so kommen wir zunächst bei Sindringen an der Stelle, wo die Sall in den Kocher mündet, zu einer römischen Kocherbrücke, von deren Pfeilern man bei niederem Wasserstand noch Reste wahrnehmen soll (statistisch-topographische Oberamtsbeschreibung von Oehringen S. 98). Uebersteigen wir den Pfahläckern entlang die Höhe, welche Kocher- und Jagstthal scheidet, so treffen wir an letzterem Flusse einen Punkt, wo noch die Steinfundamente einer uralten Brücke sichtbar sind, und jenseits auf dem rechten Ufer die erwähnte entschiedene Römerniederlassung bei den Dörfern Jagst- und Olnhausen,[1]) von Oehringen auf dem nächsten Weg, den wir soeben gewählt haben, nicht ganz drei Stunden entfernt. Hier auf der Höhe, vom engen tiefgeschnittenen Jagstthal halbinselartig umfangen, ostwärts durch den Limes gedeckt und diesen wieder deckend, erhob sich schon im zweiten Jahrhundert nach Chr. eine ansehnliche Veste, die so gut als ihre spätere Erbin, die Trutzburg Götz von Berlichingens, ihre Geschichte aufzuweisen hatte. Das eigentliche Castrum, von welchem noch die südwestliche Ecke sichtbar ist, stand grösstentheils auf der Stelle des jetzigen Dorfs, während sich die Spuren von Gebäuden und die Fundstellen der römischen Alterthümer, wie Denksteine u. dgl. weiter hinaus und namentlich über die südlich anstossenden Steinäcker erstrecken (vgl. Paulus, röm. Grenzwall S. 37). Das Castrum selbst zog sich gegen die in nördlicher Richtung etwas höher gelegene Burg hin, welche wohl dem Befehlshaber der Cohorte als Wohnung diente. Dieses Castell wird auf dem Platz des heutigen Schlosses gestanden sein. Darauf weisen die in der unmittelbaren Nähe des Schlosses in neuester Zeit gemachten Funde und besonders der Umstand hin, dass die römische Wasserleitung in den Hof desselben geführt hat. 20—30 Minuten weiter westlich vom Westende Römisch-Jagsthausens kam die Niederlassung von Olnhausen, wo sich nach der vorliegenden Tradition keine Spuren von einem Castell gefunden haben. Man vergleiche den sehr genauen Situationsplan von Fest Tafel I.

Die lesbaren Inschriften beginnen mit Antoninus Pius (138—161) C. I. Rhen. nr. 1607, richtiger bei Haug, röm. Inschr. von württemberg. Franken S. 50. Genau datirt sind die Jagsthäuser Inschrift vom Jahre 221 nr. 1609 und die beiden Olnhäuser Inschriften vom Jahre 179 nr. 1618 und vom Jahre 186 nr. 1617. Auf einer vierten, der Jagsthäuser Inschrift nr. 1608, sind leider die Kaisernamen ausgemerzt. Ich füge hier das erste getreue Facsimile der Inschrift ein, die auch paläographisch insofern von Interesse ist, als — was bisher nicht beachtet wurde — das V vor M zweimal durch Verlängerung des zweiten Striches von M angezeigt ist, gerade wie ja sehr oft und auch

---

1) Ueber die römischen Denksteine in der Kirche zu Olnhausen besitzt der württemb. Alterthumsverein ein Manuscript des Reallehrers Reinhard in Möckmühl (Rechenschaftsbericht 1845 S. 12), das mir aber nicht zu Gebote stand. In der Sammlung dieses Vereins sich **Notizen zu machen oder zu zeichnen ist verboten** (!), schwerlich durch Beschluss einer Generalversammlung.

auf eben unserm Stein I vor N durch Verlängerung des ersten Strichs von N bezeichnet wird.

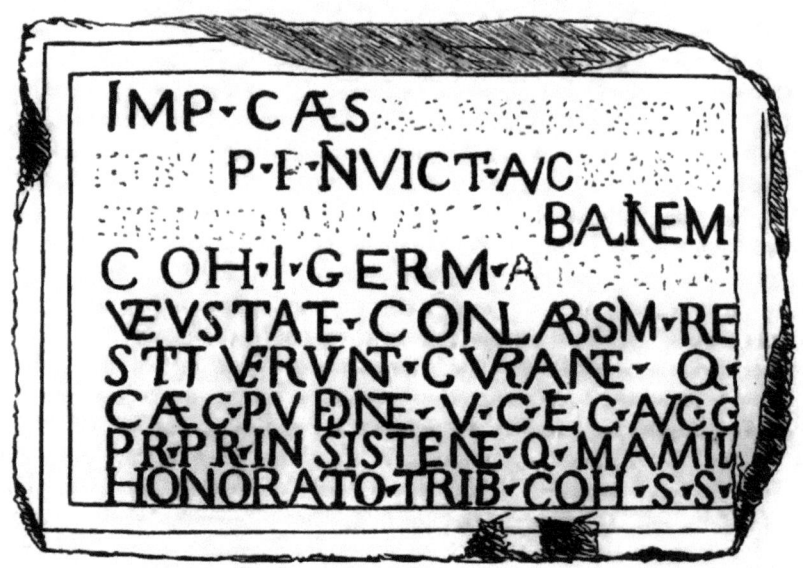

Die Inschrift lautet nach Haug a. a. O. 51. 52 Imp. Caes. (M. Aurelius Antoninus) Pius Felix invictus Aug. et (Imp. Caes.? P. Septimius Geta Anton. Aug.?) balineum cohortis primae Germanorum (Antoninianae) vetustate conlabsum restituerunt, curante Q. Caecilio Pudente viro clarissimo legato Augustorum pro praetore, insistente Q. Mamilio Honorato tribuno cohortis supra scriptae. Gewöhnlich dachte man bei den ausgemerzten Kaisernamen an die beiden Philippi. Allein mit Berufung auf Hagenbuch bei Orelli II p. 366 und Lamey act. Palat. II 121 ff. weist Haug nach, dass die Philippi nicht zu den Kaisern gehörten, deren Namen nachher ausgekratzt wurden. Mit Recht bezieht er den Stein auf Caracallus und Geta und ergänzt nach Germ. den Beinamen ANTONINIANAE, also 12 Buchstaben, welche bei der Vorliebe unsres Steinhauers für Ligaturen nicht mehr Raum als den für 9 vorhandenen beanspruchen: ANTONNIANÆ. A, N und I scheinen noch sichtbar zu sein. Römische Münzen findet man viele (vgl. auch Hansselmann, Beweiss etc. II 268), die späteste ist von Philippus Arabs † 249. Nach Hansselmann (Beweiss etc. I S. 75 ff. II S. 267 ff.) und hauptsächlich nach den Beobachtungen des H. Rentamtmann Fest zu Jagsthausen, auf dessen freundlichst mitgetheilten Angaben die hier gegebenen Notizen grösstentheils beruhen und dessen Liberalität wir auch den Situationsplan, die Inschriftcopieen und einen Theil der Abbildungen verdanken, entdeckte man Festungsmauern, Hypocausta, Brunnen, Gräber, eine Wasserleitung mit thönernen über ½ Meter langen Röhren, fast ½ Stunde weit sich erstreckend[1]); von einem Bad, balineum (nicht balnem, wie mit Zufügung von sic im C. I. Rhen. nr. 1608 angegeben wird), der I. coh. Germanorum spricht die eben vorgeführte Inschrift und berichtet, es sei zur Zeit der ausgemerzten Kaiser wieder hergestellt worden, nachdem es vor Alter zusammengestürzt. Seine Ruinen wollte Preuner, Zeitschr. des hist. Vereins für württ. Franken 1852 S. 107. 108 in einem Keller entdeckt haben und beschreibt dieselben ausführlich: dieses Bad aber, ein Gewölbebau, stammt entschieden aus dem Mittelalter. Die gleiche Cohorte, deren Namen wohl für die Uebernahme des römischen Grenzerdienstes durch Landeseinwohner zeugt, erwähnt die Olnhäuser Inschrift nr. 1616.[2]) Commandant war (nach der gleichen Inschrift) ein Centurio. Ein Signifer (Träger des Cohortenzeichens) Iunius Iuvenis hat sich in der Inschrift vom J. 221, bei Haug a. a. O. S. 53 C. I. Rhen. nr. 1609 verewigt: ⟨Iovi Optimo Maximo Iunoni Reginae?⟩ | Marti et Herculi di_iis patriis dis | deabusq(ue) omnibus Iunius | Iuvenis sig_ini(fer) in suo (geschrieben INSVO als ein Wort — was ich zur Ergänzung der bisherigen Collationen nach eigener Einsicht anmerke; auch ist zwischen diis und patriis ein Punkt nachzutragen) | v. s. l. l. m. Gr⟨a⟩to | (et Se)leüco cos. Zuerst, noch a. 179 (vgl. nr. 1618), gehörte die Garnison zur VIII. Legion[3]); a. 186 (vgl. nr. 1617) zur XXII. Diese letztere geben auch andere Inschriften, nemlich nr. 1610 und eine weitere, neuestens zu Jagsthausen aufgefundene, desgleichen die Stempel von Ziegelplatten (Eigenthum des Herrn Fest).

Die Niederlassung war offenbar nicht so unbedeutend: man hat auch Kunstwerke in Stein und Erz aus dem Boden gegraben, so einen jetzt zu Kirchberg befindlichen runden Altar aus Sandstein von sehr hübscher Arbeit; darauf sind in Relief die Götter der sieben Wochentage — in ganzer Gestalt — dargestellt: Saturnus, Sol, Luna, Mars, Mercur, Juppiter und Venus (abgebildet bei Hansselmann II tab. XXIV), dergleichen auch sonst im Gebiete des Rheins, wie zu Neckarelz (Christ, monumenta Romana Palatinatus ad Nicrum I S. 8), Pforzheim (Christ, monum. Rom. Pal. I S. 30, Leichtlen, Zehndlande S. 81), zu Godramstein in der Pfalz (Hefner, röm. Bayern[3] nr. 42 S. 307. Jahrb. der Alterthumsfr. im Rheinl. IV 173 f.), in Mainz und Castel (vergl. Memminger, württembergische Jahrbücher 1835,

---

1) Im jetzigen Schlosshof, wo sie endigt, liegt noch ein Stück der Leitung: die thönerne Röhre steckt, von einer Asphaltmischung umgeben, in ausgehöhltem Sandstein.

2) Nach Haug a. a. O. S. 55 lautet sie: I(ovi) O(ptimo) M(aximo) Iunoni Reginae L. Petronius Tertius **centurio** coh(ortis) I Germanorum ex voto suscepto pro se et suis posuit l(aetus) l(ibens) m(erito).

3) Die Inschrift nr. 1618, Haug S. 57, habe ich folgendermassen gelesen: · · · N · ETGL · (= et Genio loci) | IPOMETIV⟨S⟩ | GRATINVS | MILES LEG | VIII AVG | BF COS (= beneficiarius consularis) | PRO SE ET SV_IIS · IMP · COMMODO II · ET | VERO II · COS | Also, im Gegensatz zu den bisherigen Lesungen der Inschrift, glaube ich vor GL in der ersten Zeile nach ET, und ausserdem als den zweitvorhergehenden Buchstaben vor ET ein N zu erkennen. Haug liest Zeile 2 Ipomniu, ich selbst habe wie Hansselmann und Fest Ipometiu herausgebracht.

1. Heft S. 78. Jahrbücher der Alterthumsfreunde im Rheinlande IV 171 f.), und fragmentarisch zu Rotenburg (Sumalocennae; Jahrbücher der Alterthumsfreunde im Rheinlande IV 145. 175. tab. III 5), endlich auch zu Wellingen in der Schweiz (F. Keller in den Mittheil. der antiquar. Gesellschaft in Zürich XV S.133 tab. XIII. Jahrb. der Alterthumsfr. im Rheinl. IV 176) gefunden worden sind. Dann in allerneuester Zeit wurde in meiner Gegenwart ein zweiter Altar aus der Erde gegraben, 64 cm. hoch, oben 31 cm. breit. Es ist eine runde nach oben sich verjüngende Sandsteinsäule ganz mit grossen Schuppen (des Pinienapfels, wie mir scheint) bedeckt, oben mit viereckigem Aufsatz und quadratförmiger Vertiefung in der Mitte: das Capitäl ist an den vier

Seiten je mit einem Genienkopf verziert, ganz ähnlich wie das Säulencapitäl von Neuenheim, Carlsruher Lapidarium nr. 20. Unmittelbar an der Jagsthäuser Ara lag eine Votivinschrift, gleichfalls aus gelbem Sandstein, offenbar zu dem Altar gehörig. Gestalt und Inschrift der 54 cm. hohen, in der Mitte 40, an den Gesimsen 48 cm. breiten, sorgfältig gearbeiteten und vortrefflich erhaltenen Platte mag man aus nebenstehender Zeichnung Fests ersehen.

Also: Iovi Optimo Maximo Atusonius Victorinus votum solvit laetus libens merito. Ein Atusonius kommt sonst nicht vor; dagegen mehrfach Atusii. Ein Victorinus aber findet sich noch einmal zu Jagsthausen in dem Töpferstempel VICTORINVS FE.[1]) Ausserdem besitzt Fest den Stempel (MICCI◉ (auch zu Darmstadt, Mainz und Utrecht, Fröhner inscript. terrae coctae nr. 1580) und das unklare Fragment WAΓ] = Ma... Ferner zwei aussen eingeritzte Inschriften:
FIINV und FIRMII. Mit ersterer Form dürfte der Oehringer Stempel IASSV zu vergleichen sein. Unter der Fundstelle obigen Votivsteins und Altars war ein beinahe eirund ausgemauerter Raum von 5′ Tiefe, 5′ Länge und 3—5′ Breite, welcher meist mit Kohlen und Knochenresten von Thieren angefüllt war. Auch viele Stücke von Amphoren und das Fragment einer grossen hübschen Schüssel von samischer Erde mit gepressten Figuren, Genien, Hahn, Hund u. s. w. fanden sich in der Opfergrube.

Von Bedeutung für die Kenntnis des religiösen Lebens in dieser kleinen Grenzfestung sind noch zwei Steininschriften, bei Haug a. a. O. S. 55. 58. C. I. Rhen. nr. 1619. 1617, deren erstere, sehr fragmentarisch erhalten, uns mitzutheilen scheint, dass als Schutzgottheit des Platzes, Genius loci, die unter den wenigen Inschriften viermal wiederkehrende

---

1) Uebrigens sind sie schwerlich identisch. Victorinus ist vielleicht der häufigste Name im Decumatland; wir haben ihn in Steinschrift sogleich wieder zu Mainhardt C. I. Rhen. nr. 1623 und Murrhardt C. I. Rhen. nr. 1568. Victorina nr. 1569 auf Töpferstempeln zu Köngen, Rotweil, Riegel, Fröhner inscript. terrae coctae 2125 sq. 2130, und im nahen Oedheim (vgl. S. 48 dieser Abhandl.), ebenso zu Bonfelden bei Heilbronn, Haug, röm. Inschr. S. 61.

Juno (Regina)[1]) verehrt wurde, welche nemliche Thatsache auch für Römisch-Canstatt aus der Inschrift C. I. Rhen. nr. 1575 hervorgeht. Zu Beckingen dagegen wurde Mars Caturix als Genius loci verehrt C. I. Rhen. nr. 1588. Die zweite Inschrift (nr. 1617) lautet nach Haug S. 56: Iovi Optimo Maximo Iunoni Reginae et His(idi) Sed(atae) Titus Flavius Vitalis Aelia Augusta, miles legionis XXII primigeniae piae fidelis, beneficiarius consularis, stipendiorum XXVI, pro salute sua et sui omnium votum solvit libens merito Imperatore Commodo Pio Felice quintum et Glabrione (iterum?) consulibus. Sie erzählt uns also vom Cult einer local verwandelten Isis, wobei das Ephiteton Sedata an den in Bayern und Kärnthen verehrten Gott Sedatus (Hefner, röm. Bayern [3] nr. CXI S. 100) erinnert und vermuthen lässt, dass unsrem gebornen Augsburger die ägyptische Göttin mit einer südgermanischen sich vereinigt hat, wie ja selbst Tacitus (Germ. 9) von einer Verehrung der Isis bei den Germanen berichtet und noch zur Zeit der Schlacht bei Strassburg der Alamannenkönig Chnodomar in die Isismysterien sich einweihen liess und seinen Sohn Serapio nannte, Ammian. Marcell. XVI 12.

Weiter entdeckte man zu Jagsthausen das Fragment einer kleinen Säule (Hansselmann, Beweiss etc. I S. 79), gottesdienstliche Geräthe in halberhabener Arbeit (Hansselmann I tab. XIV 3); sodann in der Aschenurne eines Grabes einen achteckigen Siegelring aus Silbermischung mit rundem Topas, auf welchem vertieft geschnitten ein Genius oder geflügelter Amor einen grossen Hahn am Kragen hält (Hansselmann II S. 267 tab. XVIII fig. 4. 5). Wir hätten ihn gerne aufs neue abgebildet, konnten ihn aber weder zu Kirchberg noch sonstwo finden. Hansselmann weiss nicht, was von dem Bild zu halten sei. Es ist aber bekannt, dass der Hahn als feuriges Thier der Venus geopfert zu werden pflegte (Alciphr. epist. fragm. 6, 5. Böttiger kl. Schr. III 462); dass er ein gewöhnliches Geschenk an die Geliebten war (Aristoph. Vögel 707. Plutarch. Lycurg. 20[2]); Kunstwerke, wo er in den Händen geliebter Knaben erscheint, citirt K. F. Hermann, der Knabe mit dem Vogel S. 16; dazu kommt noch Panofka, Bilder antiken Lebens Taf. 10, 8: Ganymedes mit einem Reif und einem Hahn);

---

[1]) Auch in der Nachbarfestung Osterburken ward Juno Regina verehrt, was aus der unedierten Inschrift eines Veteranen Julius hervorgeht. Ich füge noch einige unedierte Töpferstempel aus Osterburken an:

| AV.V.TIN | = Augustinus (Canstatt, Rotenburg, Rheinzabern. Fröhner nr. 235. 236);

| CENS | = Censorinus (Rheinzabern. Speyer u. s. w. Fröhner nr. 648—654):

| PATVRINVS | verkehrt, in dieser Form noch nicht nachgewiesen, nur PATRVINVS aus Rheinzabern, PATRVENVS aus Mühlhausen bei Canstatt. Fröhner nr. 337; PATV und BATVR aus Voorburg, nr. 340. 341. Unerklärlich ist mir ITꓱꓱИ///. Sämmtliche Stempel sind in der Sammlung des Vereins für württ. Franken; dazu noch auf einer Todtenlampe, vom Rhein, vielleicht aus Mainz: ///VCARI = Eucari (Bonn, Cöln, Fröhner nr. 1053—1054), wenn nicht = Eucarp (nr. 1055 ff.).

[2]) Νεανίσκος δὲ πρὸς τὸν ἐπαγγελλόμενον αὐτῷ δώσειν ἀλεκτρυόνας θνήσκοντας ἐν τῷ μάχεσθαι· μὴ σύγε, εἶπεν. ἀλλὰ δός μοι τῶν ἀποκτεινόντων ἐν τῷ μάχεσθαι.

dass er sehr häufig, namentlich auf Gemmen, in allen denkbaren Verbindungen mit Amoren auftritt: bald reitet Amor auf dem Vogel, bald fährt er auf einem Hahnengespann (Winkelmann, Stoschische Sammlung S. 403), bald fährt ein anderer auf dem Hahnenwagen und Amor steht dabei, anzudeuten, dass die Fahrt einem Liebesabenteuer gelte (Winkelmann, Stosch. Samml. S. 372), bald vergnügt sich Amor oder zwei Amoren, ein Paar Streithähne kämpfen zu lassen (Müller und Oesterley, Denkmäler alter Kunst II 52, 654. Winkelmann, Stosch. Samml. S. 407), dann wieder lässt ein Amor den Hahn aus einem Käfig laufen (Winkelmann ebendas.) oder er spielt, wie auf unsrem Steine, in anderer Weise ruhig mit dem Thier (so auf dem Sarkophagrelief: Phädra und Hippolyt, Gerhard, antike Bildw. Taf. 26). Der Siegelring wird somit nichts anderes ursprünglich gewesen sein, als ein Zeichen der Liebe, und als solches wird er auch von liebender Hand der geliebten Asche beigeschlossen worden sein, wie heute noch gar mancher seinen Trauring mit ins Grab nimmt.

Auch aus Bronze hat man mehrere recht hübsche Sigilla gefunden: das Brustbild einer kriegerischen Frau mit phrygischer Mütze; eine der beiden Brüste ist entblösst und quer herüber läuft ein Gurt, vielleicht den Köcher zu tragen, deutlich genug also eine Amazone, im Besitz des Hrn. Rentamtmann Fest, abgebildet Taf. IV 5. Das Bild ist hohl und hinten platt abgeschnitten, war somit einst bestimmt an einer Wand befestigt zu werden, wie der oben bei Oehringen beschriebene Minervenkopf. Ferner zwei Exemplare der beliebten Satyrstatuetten: eine mit abgeschlagenen Füssen, im Besitze des Hrn. Rentamtmann Fest; die zweite sollte sich in der Sammlung des württembergischen Alterthumsvereins zu Stuttgart befinden, nach dem Rechenschaftsbericht 1844 S. 11. Erstere Statuette, genauer bezeichnet ein halbtrunkener Silen, weinlaubbekränzt mit schiefer plattgedrückter Nase und spitzig vorragenden Blättern über den Ohren, in sitzender Stellung und so zu ergänzen, dass er mit der Rechten in das Gefäss sich einschenkt, das er mit der Linken einst gehalten haben muss: dieses Kunstwerk im edelsten klassischen Stil (vgl. Müller, Handbuch der Archäol. §. 386), sicher eines der schönsten Erzeugnisse römischer Kunst im Decumatland, geben wir zum erstenmal wieder auf Taf. IV 4. Ausserdem zeigt Tafel VII (3.5) eine sehr hübsche mit blauem, weissem, grünem und rothem Email ausgelegte Bronzebrosche, (9) eine geschmackvoll einfache bronzene Gewandnadel und (6. 7) ein paar interessante Haarnadeln z. B. mit einem Knopf in Form eines Hahns, ebenfalls aus Bronze, sämmtlich Jagsthäuser Funde. Ferner enthält die kleine Sammlung im Freiherrlich Berlichingischem Schlosse den kleinen Finger einer lebensgrossen Bronzestatue, ohne Zweifel eines Mannes.

Wir übergehen die Farbschalen, fusslangen Pfeilspitzen u. a., was ausserdem entdeckt wurde. Das Gebälke zeigt hier, wie überhaupt längs dem Limes in unserer Gegend, die entschiedensten Spuren der Zerstörung durch Feuer. Dass sie gerade so gründlich gelang wie die von Oehringen, beweist der Umstand, dass Jagsthausen für ungefähr 800 Jahre aus der Geschichte verschwand und auch der römische Name verloren gieng.

Jagst abwärts scheint über Widdern eine römische Strasse nach Wimpfen geführt zu haben; andererseits dürfte Jagsthausen mittelst der auf der Höhe zwischen Jagst und Kocher hinziehenden Hochstrasse — es kommt auch der Name Wachhäusle an ihr vor — mit den Römerniederlassungen auf den jetzigen Fluren Mäurich[1]) und Bürg (nebst Umgebung) bei Neuenstadt und Oedheim am Kocher verbunden gewesen sein (vgl. v. Gok, der röm. Grenzwall von der Altmühl bis zur Jaxt S. 196).

Bürg, Mäurich u. s. w. bei Neuenstadt haben verschiedene römische Denkmäler aufzuweisen. Abgesehen davon, dass schon im sechzehnten Jahrhundert Säulen und das Monument der Tochter eines Kaisers (Chronik Reichards v. Gemmingen vom J. 1631; v. Gok, a. a. O.) ausgegraben worden sein sollen, erfahren wir aus den Inschriften folgendes: dass unter Septimius Severus (C. I. Rhen. nr. 1613) und unter seinem Sohne Caracallus zwischen den J. 198 und 211 (C. I. Rhen. nr. 1605. Haug, röm. Inschriften von württ. Franken S. 25) daselbst Römer lagen, dass sie den Sonnen- und Heilgott Apollo Grannus (C. I. Rhen. nr. 1614) und den Genius des Mars (C. I. Rhen. nr. 1611) verehrten, also wohl zum grossen Theil Soldaten waren. Von ihrem Reiten und Jagen legt ein gefundener eiserner Sporn (Paulussche Privatsammlung im Stuttg. Museum vaterländischer Alterthüm. nr. 293) und die Reliefdarstellung einer Hasenjagd auf dem Altar des Apollo Grannus Zeugnis ab (Stuttg. Lapidarium nr. 39). Eine Statue des Kaisers Caracallus muss einst auf der römischen Bürg gestanden haben C. I. Rhen. nr. 1605. Von einem Einwohner, der zugleich Decurio und Eigenpriester war und jenes Standbild errichtete, weiss die gleiche Inschrift zu melden: »Imperatori Caesari Marco Aurelio Antonino Augusto, Lucii Septimii Severi Augusti nostri filio, statuam ob honorem decurionatus et flaminatus . . . .« Ohne Zweifel gehörten die Truppen wie die von Oedheim der II. isaurischen Cohorte an und zählten wie die ringsum stationirten Truppen zur VIII., später zur XXII. Legion. Soldatenziegel, die man bei dem bloss eine Stunde entfernten Oedheim gefunden hat, zeigen den Stempel COH· II̅ IS (C. I. Rhen. nr. 1615), so dass man nicht zweifeln kann, dass hier Isaurer lagen. Man hat auch an die Isarker (in Tirol) erinnert und an die Unterwerfung der Isaurer durch Probus, beides mit Unrecht. Eine cohors Isaurica war auch zu Augsburg in Garnison (Hefner, röm. Bayern [3] S. 5), und zu Stockstadt, also auch am Limes transrhenanus und im römischen Südwestdeutschland, war ein Soldat [der XXII. Legion] „natione Isaur." begraben (Hefner, röm. Bayern [3] nr. CCIX). Weder Stockstadt noch Oedheim waren zu Probus Zeit oder nach ihm in den Händen der Römer, auch verschwindet die ganze XXII. Legion schon vor der Regierung des Probus aus der Geschichte: ihre letzten Lebenszeichen sind Gallienus- und Victorinusmünzen mit ihrem Namen aus den sechziger Jahren des dritten Jahrhunderts (Wiener de legione Romanorum vicesima secunda p. 79. 80). Probus selber sagt von sich, dass er den Deutschen ihren »Boden« gelassen habe; bloss einigen Rheinstädten, wie Mainz und Bonn gegenüber stellte er die römischen Castelle wieder her. Uebrigens

---

[1]) Mäurich oder Mäurig ist Collectiv von Mauer = Gemäuer. Sowohl gegenüber von Neuenstadt, als gegenüber von Oedheim befindet sich auf dem rechten Kocherufer eine Flur (mit römischen Resten) dieses Namens, desgleichen gegenüber von Beckingen und Wimpfen am rechten Neckarufer; überhaupt ist der Name häufig. in der Schweiz als Möriken und Mauracher, bei Leonberg sogar zu Eurach entstellt, eine Viertelstunde von der Oehringer Untern Bürg als Mörig. Hochmauren bei Rotweil gilt für das vielgenannte Arae Flaviae; Mauren, Muri u. s. w. sind häufig.

scheinen sich die fremdländischen Soldaten recht behaglich bei Oedheim eingerichtet zu haben. Man entdeckte z. B. eine ummauerte Villa mit Heizeinrichtung, Säulengang, Steintreppen und gemalten Wänden, auch allerlei Gefässscherben, worunter eine mit Stempel (Victorinus). Dass sie den Wein nicht verachteten, wird durch manche Fragmente unzweifelhafter Weinkrüge ausser Frage gestellt (Schriften des württ. Alterthumsvereins 1866 S. 25. Jahrb. der Alterthumsfr. im Rheinl. XXXIX S. 213—215. Zeitschr. des Vereins für württemberg. Franken 1866 S. 357. Die Amphoren sind in der Stuttgarter Sammlung vaterländischer Alterthümer).

Auf der Höhe zwischen Jagst und Kocher, ziemlich zwischen Neuenstadt, Jagsthausen und Oehringen in der Mitte, beim Rückertshof, einst Ruggarteshusen genannt, ist der Wald Kreuzholz. Hier hat man schon vor langer Zeit römische Sachen gefunden, aber erst in neuerer Zeit ist, unter Oberleitung von Director Albrecht systematisch ausgegraben worden. Da entdeckte man nun die brandgeschwärzten Ruinen einer römischen Meierei nebst Hypocaustum und Backsteinbrennerei. Es kamen auch verzierte und unverzierte Ziegelplatten, Glas, Terra sigillata, Nägel, Bänder von Metall, ein Schreibgriffel, anderthalb Töpferstempel (ATTIANVS, N nicht ausgeprägt, und ////NIIOF = ... ii officina, Sammlung des Vereins für württembergisch Franken; Attianus noch bekannt aus Castel, Rheinzabern, Fröhner inscr. terrae coctae 201 und Rutesheim [5]) bei Leonberg, Sammlung des württemberg. Alterthumsver. nr. 9), sowie zwei Bronzemünzen von Antoninus Pius zum Vorschein, die eine unleserlich, die andere vom J. 160 (vgl. Zeitschr. des Ver. für württemberg. Franken 1848 S. 82, deren Angaben ich hier nach genommenem Augenschein theilweise verbessert habe). Gleich unterhalb der Niederlassung ist eine steingefasste Quelle mit reichlichem Wasser (Zeitschrift des Vereins für württemb. Franken 1865 S. 116). Ausser dem Hirschgeweih und den Auerochsenwirbeln, den Wolfs- und Fuchsknochen, die man gefunden haben will (Zeitschrift des Vereins für württemberg. Franken 1848 S. 82), fand man auf Ziegelplatten die tief eingedrückten Spuren darüber gewandelter Schafe (Zeitschrift des Vereins für württemberg. Franken 1848 S. 78; die Ziegel in der Vereinssammlung). Zusammengenommen mit den übereinstimmenden Spuren auf Ziegeln von Oedheim (Jahrb. der Alterthumsfr. im Rheinl. XXXIX S. 215) und mit den Webergewichten,[1]) welche man im benachbarten Neckarsulm ausgegraben hat, dürften sie beweisen, was freilich zum voraus angenommen werden muss, dass auch in dieser Ecke des römischen Reichs Schafzucht betrieben ward und die Frauen des Webstuhls pflogen.

Der directe Heimweg nach Oehringen führt uns zunächst zur Flur »Wachholder« und

---

1) Vgl. auch das seltsame Zusammentreffen von Rückertshausen und Rutesheim bei der nächsten Anmerkung betr. die Schafzucht.

1) In der Stuttgarter Sammlung vaterländischer Alterthümer. Vgl. Ritschl, antike Gewichtsteine, in den Jahrbüchern der Alterthumsfr. im Rheinlande XLI S. 9 ff. Sehr interessante Beweise römischer Schäferei im Decumatland hat man zu Rutesheim bei Leonberg gefunden, Schafscheere, Schafglocke u. s. w. (Samml. des württ. Alterthumsver.).

nach der »Wächlinger Steige« und den »Wächlingsgärten«[1]) am Kocher, dann hinüber über den Fluss nach Ohrnberg (einst Ornburc) mit Römerresten in der Nähe, von da ohrnaufwärts zum abgegangenen Weiler Stackenhofen, dann über die »Strassenäcker« an »Mörig« vorbei zur Unteren Bürg. Die Vermuthung liegt nahe, dass der besagte Weg schon von den Römern gegründet worden ist, um die kleinen Niederlassungen bei Ohrnburg und Rückertshausen mit Oehringen in directe Verbindung zu bringen und in seiner nördlichen Verlängerung zu den Castellen Olnhausen und Jagsthausen weiter zu führen. Zwischen Neuenstadt-Oedheim und Oehringen bestand schwerlich eine directe Chaussee; vielmehr scheinen die Aurelianenses, wenn sie nordwestlich marschieren wollten, bis in die Gegend von Verrenberg-Bitzfeld ($^3/_4$ Stunden von Oehringen) die grosse Landstrasse nach Beckingen benützt zu haben. Von hier aber gieng vielleicht eine Nebenstrasse längs der Brettach hinab. Auf den Burgwiesen bei Weislensburg, das an dieser Strasse gelegen haben müsste, hat man schon manchesmal römische Münzen, Scherben und Bautrümmer gefunden. Auch Verrenberg ist nicht ohne römische Münzen.

Ueber den Limes hinaus, ins freie Germanien, scheint keine Römerstrasse geführt zu haben. Der politische Gegensatz zwischen der Bevölkerung diesseits und jenseits war doch zu stark und schroff, um trotz der mannigfachen Uebereinstimmung in Sitten und Interessen solches Hinausgreifen der Römer über die gesteckten Grenzen zu dulden. Von diesen Deutschen im nichtrömischen Lande wissen wir leider gar wenig. Zwar ist ganz Hohenlohe namentlich längs den Flüssen Jagst und Kocher noch heute mit einer grossen Zahl Grabhügel, wohl bei 500, bedeckt und davon hat man 300 geöffnet, aber die Ausbeute war verhältnissmässig klein. Man findet die Hügel vom Limes bei Oehringen und Jagsthausen bis ins Riess, in die Gegend von Nördlingen und Donauwörth (Haarburg), und ebenso nordwärts bis Mergentheim und jenseits der württembergischen Grenze. Am zahlreichsten trifft man sie in der Nähe der Salzquellen von Niedernhall am Kocher und Kirchberg an der Jagst. Auf isolirten Höhen entdeckt man sie selten; gewöhnlich erheben sie sich gruppenweise (bis zu 40 Stück) auf flachen Waldhöhen und an Stellen, wo früher Wälder — Eichwälder — standen, wie theils aus den Flurnamen, theils aus der mündlichen und schriftlichen Ueberlieferung erwiesen werden kann. »Heimatswälder« nennt schon die ältere Edda diese Hügelgräber. »Wo lerntest du diese spitzigen Worte, dass ich nirgends spitzigere hörte?« fragt Thor, und Harbard erwiedert: »Ich lernte sie bei den Männern, den alten, welche wohnen in den Heimatswäldern« [d. i. nach Lüning Edda S. 223 und Liliencron in Haupts Zeitschrift für deutsches Alterthum X 1856 S. 188 in den Wäldern als ihrer Heimat]. Thor: »Da gibst du guten Namen den Gräbern, dass du sie nennst Heimatswälder (heimis skôga)« Harbardslied Str. 43—45. Und noch aus dem 12. Jahrhundert lesen wir das Verbot, dass die Christen ihre Todten nicht zwischen den heidnischen in Wäldern und Feldern begraben sollten (Abbas Ursperg. ad annum 1124 von Pommern).

Untersucht wurden die meisten Hügel durch Hofrath Hammer in Kirchberg, dessen

---

1) Vom abgegangenen Ort Wachalinga, Wachalincheim; Garten = durch eine Mauer oder sonstwie eingefasster Platz.

Papiere die Hauptgrundlage meiner Ausführungen bilden [1]) — übrigens geschah diess in einer Zeit, wo die Gräberforschung noch sehr in den Anfängen lag, und Hammers Verfahren war meistens sehr summarisch, sofern er einfach in westöstlicher Richtung einen schmalen Einschnitt in den Hügel machte, um das in der Mitte von Süd nach Nord liegende Gerippe zu treffen; darauf untersuchte er den Platz bei diesem und schüttete dann den Grabhügel wieder zu. Nur ausnahmsweise gieng er sorgfältiger zu Werk. So viel demnach seine Methode zu wünschen übrig liess: wir verdanken Hammer doch einen Ueberblick über die Natur und den hauptsächlichsten Inhalt der Grabhügel unserer Landschaft.

Man unterscheidet gegenwärtig drei Hauptklassen von Grabhügeln. Solche der ältesten Gattung d. i. grosse Hügel mit gewaltigen Steinringen umkränzt, im Innern mit Kammern aus gespaltenen mächtigen Steinplatten, mit unverbrannten Leichen, Steinwaffen und Bernsteinschmuck, solche hat man im Hohenlohischen nicht gefunden.

Die Mehrzahl gehört vielmehr zur dritten spätesten Klasse, die einer Zeit entstammt, in welcher der Gebrauch des Eisens für alle schneidenden Werkzeuge schon herrschend geworden, ungefähr den ersten Jahrhunderten nach Christi Geburt. Ihren allgemeinen Charakter bestimmt Lindenschmit (vaterländ. Alterth. zu Sigmaringen S. 107) dahin: sie seien zumeist ganz aus Erde gebaut oder nur mit einer geringen Verwendung von Steinen, theils für innere Umgrenzung, meist aber für das Lager der Todten, welche oft in grösserer Zahl, »nach verschiedenen Richtungen oder von Süden nach Norden,« mit ihren Waffen und Schmucksachen bestattet seien. Hügel dieser Art, mit unverbrannten Leichen, finden sich in grosser Anzahl im Hohenlohischen, so namentlich auf dem Hermersberg bei Niedernhall und im Streitwald bei Kirchberg an der Jagst. Ihre Gestalt mag sich ursprünglich einem Kegel genähert haben. Die anfängliche Höhe hat natürlich bei allen mehr oder weniger abgenommen. Viele sind durch die Witterung oder die Cultur verflacht worden und dadurch für immer verschwunden. Jetzt erreicht ihre Höhe bisweilen noch 2,85 m., auch noch mehr; doch sind 3 m. das Maximum, bei einem auch sehr umfangreichen (31,35 m.) Hügel im Triensbacher »Eichwald« eine halbe Stunde von Crailsheim. Der Umfang ist stets ziemlich kreisrund; das Maximum des Durchmessers beträgt beim grössten Hügel des Streitwalds 42,75 m. (150 ′). Sehr viele sind 1,7 bis 2 m. hoch und 20 bis 22 m. im Durchmesser. Der Hügel besteht in der Regel aus aufgeworfener Erde mit Steinen im Centrum der Halbkugel. Gerade unter dem Höhepunct, ursprünglich 1,4 bis 1,7 m., jetzt noch da und dort 1,14 m. tief im Boden lag der Todte (so im Streitwald und bei Hermersberg), gebettet auf eine 2,28 m. lange und ungefähr 1 m. breite Steinlage und zugedeckt mit

---

1) Ausserdem habe ich schriftliche und mündliche Notizen der HH. Obermedicinalrath Dr. Hölder in Stuttgart, Forstmeister Gantz in Oehringen, Schulmeister Kneile in Niedernhall und Stadtpfarrer Braun in Grossheppach, früher in Niedernhall, benützt, wofür ich diesen HH. hiermit bestens danke. Gedruckte Aufsätze Hammers über einen Theil seiner Ausgrabungen, beziehungsweise Auszüge Pauly's aus Hammers schriftlichen Mittheilungen stehen in Memmingers württembergischen Jahrbüchern 1838 S. 221 ff. 1840 S. 414 ff. Dabei sind auch einige, aber sehr dürftige Abbildungen ohne Angabe des Massstabs.

einer gleich grossen Schichte meist grösserer Steine. Fast immer waren Kalksteine benützt, je und je auch Sandsteine; selbst Feuersteine in einer Schwere von 22 Pfund, [1]) ja sogar Versteinerungen [2]) waren mühsam zusammengesucht und herbeigeschleppt worden, in Gegenden, wo in einer Entfernung von einer halben Stunde keine solchen Steine gefunden werden. Auch die Bauart war nicht überall gleich: bei dem einen war eine Schicht festgestampfter Erde über dem Todten, bei einem andern, dem sogenannten Fuchsbörzel [3]) im Streitwald, erhob sich über dem Begrabenen, der genau im Mittelpunkt des Hügels auf kleine Feldsteine gebettet ruhte, ein mächtiger Steinkegel 2,28 m. hoch und 5,7 bis 7 m. im Durchmesser, aus vielen grossen und theilweise seltenen Steinen (Feuersteinen und Versteinerungen) gethürmt; den Steinhügel selbst umgab wieder ein bis zu 18,5 m. breiter Ring von Erde, so dass der Durchmesser des ganzen 42,75 m. (150 ′) erreichte. Der Todte, sicher ein Fürst oder König, dessen Knochengerüste gegen 2 m. lang war, hatte Schwert und andere Waffen mit ins Grab genommen und die grosse Zahl von Eisenstücken rings um ihn muss von seinem Wagen herrühren. Der Leichnam lag nach der Volkssitte nordwärts gerichtet [4]) und auch sein Riesenhügel lag nördlicher als alle andern Grabhügel und Grabhügelgruppen der Gegend. Urnentrümmer, Knochen — von mindestens sechs weiteren Menschen — und Bronzegeräthe [5]) fanden sich genug im Umkreise des Grabes; von Gold,

---

1) Unter den im Innern des sogenannten Fuchsbörzels 2,28 m. hoch und ungefähr 6 m. im Durchmesser aufgethürmten Steinen fand Hammer 7—8 Feuersteine von 6. 8. 9. 15 bis 22 Pfund schwer.

2) Auch diese fanden sich im Fuchsbörzel; vgl. S. 22 die Notiz über die Verwendung von Versteinerungen im Decumatland. Auch in einem Hügel bei Wiesbaden fand man in einer Steinkiste reine Asche und eine versteinerte Venusmuschel, Dorow, Opferstätten und Grabhügel I 23.

3) Dieser Fuchsbörzel d. i. Fuchshügel ist leider längst durch die vielen Füchse und Dächse, die darin bauten, und durch die Jäger, die nach ihnen gruben, soweit der Steinkegel nicht reichte, gründlich zerwühlt und zerstört worden. Hammer untersuchte ihn zwar ausnahmsweise sorgfältig; dennoch fanden hier noch in neuester Zeit die Jäger beim Fuchsgraben metallene Gegenstände.

4) Auch sonst in Württemberg zeigen die alten Begräbnishügel — wahrscheinlich der Markomannen — regelmässig die Richtung der Leiche von Süd nach Nord. z. B. bei Messstetten O/A. Balingen, Schriften des württ. Alterthumsver. Bd. II Heft 1, 1869 S. 43 ff. Die andern da und dort innerhalb des Limes sich findenden Richtungen, worunter besonders die von Ost noch West bemerklich ist (Schriften des württ. Alterthumsvr. Bd. I Heft VII 1866 S. 78), dürften theilweise von der Einwirkung der Römer, beziehungsweise ihrer ins Decumatland eingewanderten Provinzialen und ihrer barbarischen Auxiliarsoldaten herrühren. Wie geneigt schon die alten Deutschen waren, fremde Sitte zu adoptieren, zeigt die östliche Richtung selbst noch heidnischer Reihengräber. — In Betreff der Nordendorfer ist es ein Irrthum Weinholds in seiner Abhandlung über die heidnische Todtenbestattung in Deutschland, Sitzungsberichte der philosophisch-historischen Classe der Wiener Akademie der Wissenschaften XXX 2, 182, dass die Köpfe gen Süden sehen. Siehe Jahresbericht des historischen Vereins für Schwaben und Neuburg 1842/43 S. 22. 24. Auch die Reihengräber in unsrer Nähe, bei Gundelsheim unfern der Mündung der Jagst in den Neckar und bei Crailsheim am Oberlauf der Jagst, zeigen die Leichen in östlicher Richtung.

5) Hammer erwähnt u. a. eine Kleiderhafte, zwei wahrscheinliche Ohrgehänge und ein Knöpfchen mit einem kurzen Stiel.

Silber, Bernstein oder auch nur Glas keine Spur. Auch sonst lagen öfters mehrere Todte in Einem Hügel beisammen: so im grössten auf dem weiten Eichwaldgottesacker des Herrgottsberger[1]) Waldes (District Hermersberg): da lagen unter einer Steindecke von 2,85 bis 3,42 m. Durchmesser zwei Menschen: der ältere und grössere, vielleicht der Mann, in der Richtung von Süd nach Nord, der kleinere und jüngere, wohl die Gattin, zu seinen Füssen in der Richtung von Ost nach West. Unwillkürlich denkt man dabei an die schauerliche Sitte, nach der einst manche deutsche Frau sich ihrem Herrn und Gemahl freiwillig anschloss, wenn er die Reise ins Jenseits antrat.[2]) Ein andermal fand man eine Frau und ein 10—12jähriges Kind, vielleicht Mutter und Tochter, im gleichen Grab. Das war im Streitwald in dem von Hrn. Obermedicinalrath Hölder geöffneten Hügel, von dem wir Taf. VI 9. 10 zwei Skizzen gegeben haben. Er hielt gegen 15 m. (52´) im Durchmesser und erhob sich 2 m. über die Bodenfläche; sein Umfang war kreisförmig. Oben auf der Spitze des Hügels ragten etliche moosbewachsene Steine über die Fläche hervor. Die Sohle des natürlichen Bodens bedeckte ein etwa 0,5 m. hohes festgestampftes Lager von reinem Lehm, ein sehr feiner gleichförmiger Boden (a a a Taf. VI 10). Auf dieser Lehmschichte war ein 2,28 m. langes und 1 m. breites Steinlager, dessen Boden aus rohen, etwa 6—8 cm. dicken Steinplatten bestand, die genau ineinander gefügt waren. Die Seiten des Lagers waren dadurch gebildet, dass man theils je einen theils zwei aufeinanderliegende Steinblöcke von 22—28 cm. Dicke und 56—85,5 cm. Länge aneinander gefügt hatte. Durch diese Umfriedung des Plattenbodens entstand eine etwa 28 cm. über den Boden ragende Umfassung von ungefähr sechseckiger Gestalt (Taf. VI 9). Innerhalb des Lagers waren die Steine auf ihrer dem Leichnam zugewendeten Seite alle bis in ihre Fugen hinein 1—1,5 cm. tief roth gebrannt.[3]) Das Dach des Lagers war aus grösseren, jetzt zum Theil zersprungenen Platten gebildet. Verwendet hatte man meist sehr sandigen hellgelben Kalkstein mit braunen Punkten von Eisenoxyd, sowie Sandstein der Lettenkohle, auf deren Gebiet der Hügel errichtet ist. Die Längenachse des Steingrabs lief gerade von Süd nach Nord und so lag auch der Leichnam der Frau. Im Süden war der Kopf, an der Stelle des Halses fand sich der schöne grosse Bronzering, den wir auf Taf. V 2 wiedergegeben haben, mit 3 gerieften Knöpfen und über 6 an ihn angehängten Bommeln (in der Sammlung vaterländischer Alterthümer zu Stuttgart). Links davon in nächster Nähe stand eine einfache kleine irdene Schale, ganz wie

---

1) Gottesacker ist schwäbisch = Friedhof; Gottesbacköfen heissen die Grabhügel in Niedersachsen, Weinhold, heidnische Todtenbestattung, Sitzungsberichte der Wiener Akademie der Wissenschaften XXIX S. 137.

2) Vergl. das Urtheil Brynhilds über Gudrun, Sigurdbarkwidha III 59:
»Schicklicher würde Gudrun, unsre Schwester,
Ihrem trefflichen todten Manne folgen,
Wenn ihr gegeben wäre der Guten Rath, oder
Wenn sie besässe unseren Sinn.«
So gieng auch Sigrun zu ihrem Gatten Helgi in den Hügel ein, der über diesem aufgeworfen ward. Uhland, prosaische Schriften VIII 151.

3) Wohl vom Leichenschmaus und Anzünden der Wohlgerüche. Kohle fand sich nur innerhalb des Steinlagers, ausserhalb nicht.

man sie sonst in den Hügelgräbern anzutreffen pflegt. Unten am Ende der Füsse stand gleichfalls links eine schwarz gebrannte ziemlich dünne Urne von 28 cm. Durchmesser: sie war auf eine Steinplatte gestellt und wieder mit einer Steinplatte zugedeckt gewesen: wesshalb nur noch Scherben gefunden wurden. Ausserdem erhob man in der Gegend der Kniee 4 unverzierte, auf der Innenseite vom Gebrauch plattgeschliffene Bronzeringe, die etwa 10 cm. im Durchmesser und 1 cm. dick waren. Die Knochen des Kindes müssen sich theilweise verschoben haben: denn eine Partie derselben fand sich zwischen den beiden Beinen der Frau, welch letztere auffallend weit auseinander gestreckt waren.[1]) Zugedeckt war die ganze Grabstätte mit unordentlich aufeinander gehäuften Steinen.

Auch die zweite Klasse von Grabhügeln, die man im Allgemeinen für älter als diese Leichenhügel hält, die sogenannten Brandhügel, finden sich in grosser Anzahl in unsrer Landschaft. Sie treten gleich den Leichenhügeln am liebsten in selbständigen Gruppen auf und fast regelmässig trifft man nur die eine oder die andere Gattung im gleichen Walde an. Es sind Erdhügel von geringerem Umfang und manchmal mit kleineren Steinringen, im Innern mit niedrigen, aus lockeren Steinen zusammengesetzten Kisten oder Behältern für Aschenurnen oder einer blossen Steinschichtung über denselben, mit Erzgeräthe und Erzwaffen. Die interessantesten derartigen Hügel sind zu Anfang des vorigen Jahrhunderts und wieder im Jahre 1815 im »Rippers- oder Ruprechtsholz« d. i. im Teufelswald bei Hohbach an der Jagst abgegraben worden. Die Hügel erhoben sich auf festgestampftem Erdreich (nach Hansselmann, Beweiss etc. I 95. 96) bis zu 3,85 m. Höhe mit einem Durchmesser von 10,9 m. Es fehlten weder die aus Steinen zusammengesetzten Behälter für Aschenurnen, noch die Erzgeräthe und Erzwaffen (Hansselmann, Beweiss etc. I 94—96. Vorzeit und Gegenwart 1844 S. 153 ff. Zeitschrift für württ. Franken 1848 S. 82—84); von Eisen soll nichts gefunden worden sein.[2]) Die zwei bronzenen Celte (Taf. VII 14. Zeitschrift für württemb. Franken 1848 S. 84) als Erzwaffen ein Merkmal hohen Alterthums, ferner die bronzenen Schmuckgeräthe, Knöpfe oder Zierscheibchen, Haarnadeln, Ringe, die rohen hellbraunen Urnen, die Verwendung einer Art Feuersteine,[3]) die Anlegung der Hügel theils im Eichwald, theils an der Stätte einstigen Eichwalds (Hansselmann I S. 97. Papiere Pf. Schencks, in Kirchberg), das alles zusammen scheint dafür zu sprechen, dass diese Hügel so zu sagen

---

1) Kreuzweise lagen die Beine eines Skeletts auf dem Beerberg. Das gleiche bemerkte man auch diesseits des Limes in einem Grabhügel bei Messstetten O/A. Balingen und in 3 römischen Backsteingräbern am »Heerweg« von Reutlingen nach Pfullingen, v. Gok, röm. Alterthümer und Heerstrassen 85. »Diese Lage ist hier heutzutage noch Sitte,« bemerkt Pfarrer Oetinger in dem Aufsatz über die Messstetter Hügel, Schriften des württembergischen Alterthumsvereins Band II Heft 1, 1869 S. 48.

2) Weder bei Hansselmann, noch in den Papieren des Pfarrers Schenck, der die neuere Ausgrabung leitete, ist irgend eines eisernen Fundes gedacht. Es ist daher wohl ein Irrthum, wenn das eiserne Messerchen mit bronzenem Heft (vgl. das aus den Pfahlbauten von Estavayer am Neuenburger See, F. Keller, lake dwellings transl. by Lee pl. XCVI 3) in der Kirchberger Sammlung nr. XIX als »aus einem Begräbnisshügel bei Hohbach« stammend aufgeführt wird.

3) Hansselmanns Gewährsmann spricht S. 96 von einem halb cirkelrunden Monumentum von ganz andern Steinen [als Sandsteinen], unsern Feuersteinen gleich, rauh und uneben.

die Reihenfolge sämmtlicher erhaltenen Gräber unserer Landschaft eröffnen, dass sie der frühesten historischen Periode oder wohl gar der Zeit vor Christi Geburt angehören. Wir haben es daher auch der Mühe werth geachtet, auf Taf. VII sämmtliche in den Hohbacher Hügeln gefundene Bronzegegenstände trotz ihrer grossen Einfachheit zu klarem Ueberblick zusammenzustellen.[1]) 1,2—1,4 m. unter der Spitze des zuletzt geöffneten Hügels lagen in Einem Grabe: ein schwerer Streitmeissel Taf. VII 14; zwei Dolche oder Speerspitzen nr. 13; zwei Haarnadeln nr. 10. 11 — die eine, nr. 11, 26 cm. lang; und zwei offene Ringe nr. 16. Die kleinere Radhaarnadel nr. 12 und die Zierscheiben nr. 15 und 17 stammen von den Ausgrabungen des vorigen Jahrhunderts her. Sämmtliche Gegenstände sind in der Fürstlich Hohenlohischen Sammlung zu Kirchberg.

Viel weniger merkwürdiges boten zwei von H. Obermedicinalrath Hölder im Espig, ganz in der Nähe des Streitwalds geöffnete Brandhügel. Sahen wir im Streitwald bloss Leichenhügel, so enthält der Espig dagegen bloss Brandhügel. Als niedere Kugelabschnitte von nur 55—85,5 cm. Höhe ragen sie in beträchtlicher Zahl über den Boden; noch heute sind 29 sichtbar; der Durchmesser pflegt zwischen 8 und 9 m. zu schwanken. In dem einen fand sich im Mittelpunkt auf dem gewachsenen Boden die Brandplatte mit Eichenkohlenstücken und einer Menge Asche. Die Platte war 6—9 cm. dick und 85,5 cm. im Durchmesser. Ostsüdöstlich von der Platte standen zwei grosse Urnen, die eine aussen rothgebrannt, innen grau, die andere schwarz; letztere hatte wohl 42,5 cm. im Durchmesser und innerhalb derselben war eine kleinere dunkle Urne. Neben den grossen standen noch kleinere Töpfe frei herum. Knochenreste waren auf der Brandplatte nicht zu erkennen; ebenso wenig in dem zweiten geöffneten Grabhügel, doch bemerkte man hier noch poröse hellgraue Asche auf der Brandplatte. Ostsüdöstlich stand eine Urne und eine Schüssel. Von Steinsetzung fand sich in beiden Hügeln keine Spur. Wir sehen, dass auch in den ärmsten dieser Gräber, mögen die Todten verbrannt oder beerdigt worden sein, Töpfe und Schüsseln nicht fehlen durften, eine Sitte, die viele Jahrhunderte lang in ganz Süddeutschland und noch weit darüber hinaus geherrscht hat.

In den hohenlohischen Grabhügeln sind die Thongeräthe roh, unglasiert und meist ohne Verzierung; Urnen, Schüsseln oder Tassen, nicht selten mehrere ineinander gesteckt,[2]) oft von riesigen Verhältnissen, bis zu 60 cm. hoch und 75 cm. im Durchmesser; sie haben theils weite Oeffnungen, theils enge Hälse und Mündungen; ihre Farbe ist entweder (bei den grossen Schüsseln gewöhnlich) schwarz, oder graubraunroth; von Ornamentik entdeckt man kaum die ersten Anfänge; von den oft geschmackvollen Strich- und Punktverzierungen der Vasen aus den Grabhügeln diesseits des Limes ist nichts zu sehen; vielmehr rechtfer-

---

1) Ganz gleichartiges haben wir natürlich nur Einmal abgebildet. Die Zeichnungen Hansselmanns, Beweiss I tab. XV, sind ungenau und schlecht. So ist z. B. der fig. A angebrachte Knopf auf der Spitze des Grabhügels eine Erfindung des Zeichners.

2) Zwei ineinander aus dem Katzenbusch haben wir abgebildet Taf. VI 4; fünf ineinander fand H. Forstmeister Gantz in einem grösseren Grabhügel des Beerbergs bei Weissbach. Die gleichen Erscheinungen hat man in Grabhügeln bei Münsingen auf der schwäbischen Alb (Schriften des württ. Alterthumsvereins Bd. I Heft III S. 21) und bei Sinsheim wahrgenommen.

tigen die Erzeugnisse der Keramik, wie sie — den rohesten Pfahlbautöpfen leider überraschend ähnlich (vgl. z. B. die Scherben von Wangen, F. Keller, lake dwellings translat. by Lee pl. XV) — in den hohenlohischen Grabhügeln gefunden werden, nur zu sehr die römische Bezeichnung »Barbaren« für ihre Verfertiger. Die grösste Schüssel, deren Fragmente ihre Reconstruction erlaubten, haben wir auf Taf. VI 1 in dem ziemlich grossen Massstab von 1:5 wiedergegeben, damit jeder Leser durch die leichteste Manipulation rasch die Vergrösserung vornehmen und sich das Riesengefäss in natura vorstellen könne. Es ist ein einfarbig schwarzer Topf von ziemlich rohem Thon, 60 cm. hoch, unten 14, oben 54, mitten 75 cm. im Durchmesser; ausgegraben wurde er aus einem Begräbnishügel des »unteren Weilersholzes« bei Kirchberg; ein Fragment davon befindet sich im Stuttgarter Antiquarium nr. 144. Die rohen verticalen Striche am Hals des Topfes sind — vielleicht mit einem Stecken — unregelmässig an Länge, Richtung und Distanz eingeritzt. Sonst entdeckte ich von Verzierungen bloss noch 1) kleine kugelförmige Knöpfchen von der Erde und Farbe des übrigen Topfes, aussen am Gefässe — wo es die grösste Peripherie hat — hangend, wie die Knöpfe an einem Kleidungsstück, skizzirt auf Taf. VI 14, aus dem oberen Weilersholz (Stuttgarter Antiquarium nr. 142; ähnliche aus der Terramara von Parma bei Keller a. a. O. pl. LX. LXI); 2) einen etwas erhabenen, ungefähr rechtwinkligen, aber nicht besonders regelmässigen Zickzackstreifen am Hals eines Gefässes, skizzirt auf Taf. VI 12 (aus dem Erlich, Stuttgarter Antiquarium nr. 139); 3) gleichartig, aber noch rober und sehr dem Teiggebilde eines Bäckers zu vergleichen ist die Tafel VI 13 abgebildete Verzierung auf dem Scherben eines unglasirten, grauen Topfes, gefunden bei Aufgrabung der salzigen Mergentheimer Mineralquelle unter einem Haufen von Kohlen und Geschirrfragmenten ungefähr 3 m. unter der jetzigen Bodenfläche (Zeitschrift des Vereins für württ. Franken 1852 S. 67; das Stück ist in der Sammlung dieses Vereins). Sehr ähnlich ist übrigens auch die zopfartige Verzierung auf der unglasirten grauen Gesichtsurne aus Römisch-Oehringen Tafel VII 2. Zur Schilderung der äusseren Formen unserer Grabhügelgefässe, welche indessen eine gar geringe Mannigfaltigkeit aufzuweisen haben, sind noch 3—4 weitere auf Taf. VI 2—4 abgebildet worden: nr. 2 der zweitgrösste der erhaltenen oder restituierbaren Töpfe — ohne Verzierung — aus dem »Erlich« oder »Ehrle« bei Erkenbrechtshausen, einem Walde mit Brandhügeln, 57 cm. hoch und 57 cm. im Durchmesser; nr. 3 eine breite niedrige Schüssel, ebenfalls aus dem Erlich, 11,75 cm. hoch, 26 cm. Durchmesser, und nr. 4 zwei Schüsseln in einander, ähnlich wie unsre Kaffeetassen, aus dem Walde »Katzenbusch« d. i. Wildkatzengebüsch[1]) bei Kirchberg.

Eine Vergleichung der Töpferwerke aus den Grabhügeln diesseits des Limes, namentlich wenn man die oft sehr reiche und sinnige Ornamentierung der Gefässe cis limitem betrachtet (vgl. die Abbildungen bei Lindenschmit, Sigmaringer Alterthümersammlg. S. 143—145 Taf. XXIII), zeigt auf den ersten Blick den gewaltigen Abstand zwischen der niedrigen, kindischen Häfnerei des freien Germaniens und der gebildeten Töpferkunst des roma-

---

1) Hammer leitet den Namen fälschlich von den Chatten her.

nisierten Decumatlands. Was die Masse der Production anlangt, war allerdings die Töpferindustrie bei den Männern unserer Grabhügel sehr schwunghaft: denn man hat eine ausserordentlich grosse Zahl von Scherben ausgegraben. Ueber ihre Bestimmung ist man nicht einig. Sie enthielten theils Asche und verbrannte Knochen, theils auch eine harzige, sehr wohlriechende Räucherungsmasse, dergleichen man auch in manchen Grabhügeln innerhalb des Limes beobachtet hat. Der Umstand, dass sie in den Leichenhügeln regelmässig um den Todten herum, niemals über seinem Haupte stehen, legt die Vermuthung nahe, dass sie dem Begrabenen zu seinem Gebrauche mitgegeben wurden, nachdem sie vielleicht vorher beim Todtenopfer verwendet worden waren.

Ausser von Schüsseln und Urnen waren die Todten der Leichenhügel gewöhnlich umgeben von Waffenstücken. Zur rechten Seite lag, in metallener Scheide, das grosse Eisenschwert, breit und lang — ganz gleichartig den Grabhügelschwertern diesseits des Limes und jenen aus den Pfahlbauten;[1]) über und bei dem Haupte 1—3 kurze, spitzige, eiserne oder bronzene Waffen, in einer Lage, dass Hammer vermuthet, sie seien dem Todten einst in den Arm gelegt gewesen, fand man z. B. in dem 2,28 m. langen und 1,4 m. breiten Steingrab eines Hügels im »Buch« bei Ilshofen. Das Knochengerüste des Kriegers war 3 m. lang und sein steinernes Lager war selbst wieder auf eine Menge Menschenknochen gebettet, wahrscheinlich von Feinden herrührend oder von Knechten, welche den Herrn in die Todtenwelt begleiten mussten (Weinhold, heidnische Todtenbestattung, Sitzungsberichte der Wiener Akademie XXIX S. 164). Von Schmucksachen entdeckte man bloss zwei wirtelartige Bronzeringe verschiedener Grösse in der Gegend der Brust, dergleichen auch zu Hallstadt und sonst als Verzierung der Brust gewöhnlich sind.

Ueberhaupt aber fanden sich in unsern Grabhügeln verhältnismässig nicht wenige Schmucksachen aus Bronze: Ohrgehänge, Haarnadeln, Kleiderhaften, Zierschnallen, zum Theil wohl römischer Arbeit — eine hübsche Fibula aus einem Grabhügel bei Oehringen, jenseits, aber in nächster Nähe des Limes (Sigmaring. Samml.) haben wir Tafel V 10 abgebildet; eine nicht ohne Geschmack verzierte Schnalle aus starkem Bronzeblech von einem correspondirenden Paare, auch aus einem hohenlohischen Grabhügel (Stuttg. Antiquarium) stellt Taf. V 14 dar; unter den Haarnadeln kehren jene fusslangen mit radförmigem Knopfe wieder (Stuttg. Antiquarium), wie wir sie in den Hohbacher Brandhügeln trafen (Taf. VII 10. 12)[2]); zwei andere noch einfachere Formen zeigen die Taf. V 11—13 lithographierten

---

1) Ein solches breites Langschwert in metallener Scheide, die unten in einen breiten Knopf endigt [? Ergänzung?], ist abgebildet nach Hammers Zeichnung in Memmingers württemberg. Jahrbüchern Jahrg. 1838 fig. 6; vgl. die ähnlichen Schwerter aus andern Grabhügeln bei Lindenschmit, heidn. Vorzeit Bd. I Heft I. 5, 4. II, VII Taf. 6. Sigmaring. Alterth. S. 121 und das Schwert mit Scheide aus den Tène-Pfahlbauten des Neuenburger Sees, Desor, die Pfahlbauten des Neuenburger Sees übersetzt von F. Mayer S. 99 fig. 72. 73. F. Keller, the lake dwellings of Switzerland etc. translated by J. E. Lee pl. LXXIII.

2) 3 ganz gleichartige aus der Umgegend von Mainz abgebildet bei Lindenschmit, heidn. Vorzeit I, IV 4, 1. 3. 5.

Nadeln, erstere, nr. 11, aus einem hohenlohischen Grabhügel in das Stuttgarter Antiquarium gebracht, letztere, nr. 12. 13 — wegen ihrer Kürze vielleicht eher eine Gewandnadel — mit einem zierlichen Knopfe, gefunden in einem Grabhügel bei Niedernhall, jetzt in der Sammlung des historischen Vereins für württembergisch Franken. Ferner fand man Ringe aller Art, zum Schmuck für Hals, Arme und Beine: runde und vierkantige, grössere und kleinere, geschlossene und offene, massive und hohle, dickere und schmälere, etliche nach Art von Steinbockshörnern gekerbt, andere flach, aber mit Linien und Punkten verziert; manche staken noch an Fuss- oder Armknochen. Vierkantige Bronzeringe entdeckte Hammer nur Einmal und zwar zu drei in einem Grabe des Streitwalds; sie scheinen auf einer grossen mit Asche gefüllten Urne gelegen zu haben; häufiger zeigten sich solche Ringe in den nach Hammers Zeit geöffneten Grabhügeln bei Niedernhall; aus einem von diesen stammt der Taf. V 5 abgebildete Ring (Sammlung des Vereins für württemb. Franken). Einen der stark gekerbten Ringe haben wir Taf. V 3 wiedergegeben. Er gehört zu einem Paar ganz gleicher Ringe, aus einem Leichenhügel des Herrgottsbergs, ist massiv und wiegt 13,125 Loth; beide Ringe lagen auf 4—5 kleinen Steinplättchen neben äusserst plumpen Gefässstücken (Stuttg. Antiquarium nr. 154). Sehr ähnliche finden sich namentlich wieder in den Pfahlbauten des Neuenburger Sees (Desor, Pfahlbauten des Neuenburger Sees übersetzt von F. Mayer fig. 87 S. 113). Schmale gekerbte Armringe mit schwachem Einschnitt und nicht geschlossen lieferte u. a. ein Grabhügel bei Hürden an der Jagst, abgebildet Taf. V 6. Ferner bietet Tafel V 8 (Stuttgarter Antiquarium nr. 152) den einen von einem Paar gleicher geschmackvoller Armringe, die im »untern oder grossen Weilersholz«, einem Leichenhügelwald, bei Kirchberg u. a. neben den Fragmenten des Taf. VI 1 dargestellten riesigen Hafens ausgegraben wurden. Er ist vier Loth schwer, somit nicht massiv. Beachtenswerth ist die Andeutung der Schlussknöpfe, vgl. Lindenschmit, heidn. Vorz. Bd. I Heft VI Taf. 4, 7. 8. Wirkliche Schlussknöpfe zeigt der 6,2 Loth schwere, massive Arm- oder Fussring Taf. V 4 aus der sogenannten Kanzel auf dem Herrgottsberg bei Niedernhall, woher auch die Beschlägfragmente von dünnem Bronzeblech stammen, die wir Taf. VI 7 abgebildet haben (beides in der Sammlung des Vereins für württemb. Franken). Diese »Kanzel«, ohne Zweifel umgebildet aus jenem Kunzele oder Kunzelech, Conciolegum, dem wir oben bei Augsburg S. 38 begegneten, war — nach Angabe des H. Schullehrers Kneile — der grösste der Niedernhaller Grabhügel und wahrscheinlich identisch mit dem schon von Hammer geöffneten grössten Grabhügel des Herrgottsbergs.[1]) Das alamannische Volk sah in ihm das Denkmal eines Herzogs oder Königs Kunzo — wie ein solcher (»dux«) z. B. für das Jahr 613 bezeugt ist,

---

1) Der Grabhügel wurde somit zweimal — beidemal ziemlich tumultuarisch — geöffnet und es fanden sich darin die Reste mehrerer Skelette; das grösste 1,71 m. lang, gebettet auf ein Steinlager, welches die Richtung von Süd nach Nord einhielt. Unter den vielen Gegenständen aus Bronze und Eisen — welche meist unterschlagen und verschleudert wurden — sind Ringe aller Art constatiert: Halsring, Fuss- und Armringe, wirtelartige Zierscheiben, Bronzebeschläg, Fibula [»Heftnadel« sagt Hammer], Speerspitzen aus Bronze (abgebildet Taf. VI 8), Pferdegeschirr, und wahrscheinlich entstammt auch die bronzene Nadel nr. 12 diesem Grabhügel.

vita S. Galli bei Pertz monum. Germ. II 8 —; von ihm hat wohl auch das nahe Künzelsau, d. i. die Au oder Flussinsel beim Denkmal Kunzos, seinen Namen bekommen; und ein Waldtheil bei Pfedelbach, wo ein auffallender Fels als Denkstein Kunzos gelten mochte, führt den Namen Kanzlei, zum Beweis, dass das Wort nicht ursprünglich mit dem Buchstaben L abschloss.

Der kleinere Armring, Taf. V 9, den ich im Stuttgarter Antiquarium vergebens gesucht habe, stammt gleichfalls aus einem Grabhügel des Hermersbergs; die Zeichnung wurde aus Lindenschmit, heidn. Vorzeit Bd. I Heft XII Taf. 6, 4, wo er neben ähnlichen abgebildet ist, entlehnt. Er bildet mit seinen feinen Punkt- und Strichverzierungen eine schöne Ergänzung des Armrings nr. 7 (aus einem hohenlohischen Grabhügel, im Stuttg. Antiquarium), der mit seinem Wechsel von Zickzack- und geraden Parallellinien sich ebenfalls recht geschmackvoll ausnimmt. Ein anderer bronzener Ring, zum Schmuck des Halses, aus dem Weilersholz (Stuttgarter Antiquarium nr. 123), hatte an der Stelle des Schlusses die beliebte Form der Schlange, die sich in den Schwanz beisst: das mit einem kleinen Löchlein versehene spitzige Schwänzchen konnte in den offenen, übrigens sehr kleinen Rachen gesteckt und mittelst eines Stifts beide Theile ineinander befestigt werden. Dieser Ring ist abgebildet in Memmingers württemb. Jahrbüchern Jahrg. 1838 fig. 3. Solche Schlangenzierathen, dergleichen auch in den Grabhügeln von Sinsheim (Ringschluss in Gestalt einer Schlange) und unter den Römerresten Oehringens (Schlangenarmband aus Erz) entdeckt worden sind, hatten vielfach religiöse Bedeutung und wurden daher von der christlichen Kirche als eine Ueberlieferung des Antichrist mit allem Nachdruck verfolgt und ausgerottet (vgl. Jahrb. d. Alterthumsfr. im Rheinl. XLIV S. 152). Noch an den schwäbischen Todtenbäumen aus der Bracteatenzeit begegnen wir geschnitzten Schlangenköpfen als der beliebtesten Verzierung (vgl. Dürrich und Menzel, die Heidengräber am Lupfen S. 8. 9. 11. 12. 14. 17). Ein anderer grosser Bronzehalsring, aus dem grössten Hügel des Herrgottsberges, hatte noch ein kleines Ringlein so eingehängt, dass es sich frei an der ganzen Peripherie herumbewegen konnte, eine Sitte, die sich auch in den Grabhügeln bei Mergelstetten unfern Heidenheim (Samml. des württemberg. Alterthumsvereins), in den Gräbern von Hallstadt (nr. 2319 der Zeichnungen auf der Berner Bibliothek) und sonst nicht selten gezeigt hat. ‚Es ist ein Merkmal für die kindliche Stufe des Geschmacks unsrer Vorfahren, dass sie auf die Grösse von Thongeschirren und Halsringen so viel Gewicht legten. So hören wir von Beowulf (Simrocks Uebersetz. S. 167), dass er von der Königin ausser zwei Armzierden noch die grösste aller Halsspangen erhielt, von der man je bei den Völkern der Erde vernommen hatte. Jene Halsspange schenkte Beowulf später der Hygd, der Gemahlin Hygelaks, seines Herrn. Einen dritten, jetzt schmucklosen Halsring, an dessen sehr ausgespieltem Oehr aber einst eine Zierath gehangen haben mag, sieht man Taf. V 1 abgebildet. Er ist aus Bronze, 3,75 Loth schwer, und stammt aus einem Hügel des Wallhäuser Holzes bei Kirchberg (Stuttg. Antiquarium nr. 117). Die zwei Theile, aus welchen er besteht, waren einst durch eiserne Stiftchen zusammengehalten, die verrosteten Oeffnungen sind noch zu sehen. Am interessantesten ist übrigens der vierte grosse und schwere Halsring mit Bommeln Taf. V 2, dessen wir schon bei der Schilderung des Frauengrabhügels im Streitwald gedacht haben. Die

Schwere der Ringe, deren oft zwei an jedem Arme waren, steigt bis nahe an 1 Pfund, sofern im gleichen Hügel mit dem zweitgenannten Halsring, auf dem Herrgottsberg, ein 31 Loth schwerer Erzring, noch am Armknochen steckend, ausgegraben wurde; er hatte 1,5 cm. Durchmesser, seine Form war gleichmässig rund ohne alle Verzierungen.

Wagentrümmer, vielleicht vom Streitwagen des begrabenen Helden, haben sich wie in manchen andern Grabhügeln markomannisch-alamannischer Länder — von Thüringen und Birkenfeld bis ins Bernische und nach Steiermark (Lindenschmit, vaterländ. Alterthüm. der Sigmaringer Samml. S. 137. 138) — so auch im sogenannten Fuchsbörzel, dem Königsgrab des Streitwalds, vorgefunden (vgl. Wilhelmi, Sinsheimer Jahresbericht VII S. 57. Lindenschmit a. a. O. S. 138). Es waren Eisenstücke im Gewicht von 10—12 Pfund, darunter zwei runde Stossscheiben der Naben und 4,2 cm. breite runde Reife vom Radbeschläg. Wahrscheinlich enthielten noch manche der 300 Hügel ähnliche Wagentrümmer; da aber die Ausgrabenden selbst nicht entfernt an eine solche Bestimmung dieser Eisenreste dachten, so blieben sie unbeachtet. Auf dem Wagen, glaubte man, könne der Todte ins Jenseits fahren, eine Anschauung, welche sogar noch für das J. 720 ausdrücklich bezeugt ist, natürlich nicht aus unsern Gegenden, die damals bereits zum Christenthum bekehrt waren, sondern aus dem noch heidnischen Norden. Als in der grossen Brawallaschlacht König Harald gefallen war, liess König Hring des Gegners Leiche waschen, schmücken und auf dessen Wagen setzen, dann einen grossen Hügel weihen, die Leiche sammt Wagen und Pferd in den Hügel fahren und das Pferd tödten. Darauf nahm er seinen eigenen Sattel und übergab ihn Haralds Leiche, nun zu thun was er wolle, nach Walhöll reiten oder fahren. Alle Helden, bevor der Hügel geschlossen wurde, warfen Ringe und Waffen hinein. Sögubrot in Fornald. sög. I 387. J. Grimm, »über das Verbrennen der Leichen,« kleinere Schriften S. 271. Merkwürdiger Weise findet man auch bei uns den Namen Hell oder Hölle, d. i. Todtenreich, mehrfach als Bezeichnung von Wäldern, wo Grabhügel sind: so heisst bei Heilbronn der Wald, der die meisten Grabhügel enthält, und ebenso ein Wald mit Grabhügeln bei Brettheim O. A. Gerabronn.

Aehnlich wie den Wagentrümmern ergieng es auch den Steinwerkzeugen; denn es ist mehr als wahrscheinlich, dass, wie diesseits unsres Limes Steinmeissel in den Grabhügeln gefunden wurden (oben S. 2. 3), so auch jenseits manche Hügel eine Steinwaffe in sich schlossen. Wir haben daher auch den Lupfersberger Meissel auf der gleichen Tafel mit den Grabhügelfunden abgebildet, Tafel VI 5. Bei dem hohen Werth, den diese Donnerkeile in den Augen abergläubischer Landleute haben — man bestreicht die Euter der Kühe damit und wähnt das Haus gesichert vor dem Blitz (H. Bauer in der Zeitschrift für württemb. Franken 1859, 125) — mögen auch manche von den Arbeitern unterschlagen worden sein. Der eigenthümlich geformte Kalkstein, den wir Tafel VI 11 ebenfalls abgebildet haben, ist 53 cm. lang, 22 cm. breit und 6 cm. dick und gegen 14 Pfund schwer; gefunden wurde er im gleichen Grabhügel mit der Fibula Taf. V 10 und zwar lag er mitten im Grabe. Sollte es eine rohe Keule gewesen sein? Zu seiner Grösse und Schwere ist der Stein auffallend handlich; ein Schleuderstein aber wird es nicht gewesen sein, da diese rund zu sein pflegten und auch oft Wassersteine heissen, weil solche runde abgespülte Steine eben in den Flussbetten gemein sind.

Auch die thierischen Beigaben wurden nicht genügend untersucht. Doch bemerkte man Pferdeknochen und Hufeisen [1]) — jene im Streitwald, diese bei Niedernhall; ein Hufeisen 6,75 Loth schwer ist abgebildet Taf. VI 6 (Samml. des Vereins für württemb. Franken); es ist viel leichter und kleiner als das in der Hahnengasse ausgegrabene römische. Bei den Opfermahlen war Pferdefleisch die beliebteste Kost und gewöhnlich ward das Schlachtross geopfert, wenn sein Reiter die Reise ins Jenseits antrat (Simrock, deutsche Mythologie [3] S. 195. 575. Vgl. Lindenschmit, Sigmaring. Alterthüm. S. 35 ff. Pfahler, Handbuch deutscher Alterthümer S. 587). Was die Reste von Jagdthieren anbelangt, so lag ein Bärenzahn in einem Grabhügel bei Erkenbrechtshausen (Sammlung des Vereins für württemb. Franken)[2]); ja auch einen grossen Auerochsenzahn will man (Hammer) im Triensbacher »Eichwald« bei Crailsheim gefunden haben: der Leichenhügel, der ihn barg, war 3 m. hoch und hatte 31,35 m. (110') im Durchmesser: es muss ein fürstlicher Mann gewesen sein, dem dieses höchste aller unserer Gräber errichtet war.

Aber wer waren denn überhaupt die Männer, die in den hohenlohischen Grabhügeln schlafen? Leider gibt uns keine einzige Münze noch Inschrift eine sichere Auskunft. Aelter sind die Hügel gewiss, als die im vierten Jahrhundert beginnenden (Dietrich, sieben deutsche Runeninschriften in Haupts Zeitschrift für deutsches Alterthum XIV 1867 S. 83. Vergl. Lindenschmit, heidnische Vorzeit Bd. II Heft 2 Tafel 6 Textbeilage 2) Reihengräber unsres Landes mit ihrer vorgeschrittenen Metalltechnik, ihrer Runenschrift und ihren ostwärts gerichteten Leichen. [3]) Auch jener Vorwurf der Geld- und Goldgier, der schon um die Mitte des dritten Jahrhunderts [4]) und von da an immer wieder den Germanen gemacht wird, passt schlecht auf unsre Todten, wo selbst in den Hügeln der Könige [5]) kein Gold noch Silber, Bernstein oder auch nur Glas gefunden wurde, sondern ausser der mächtigen Grösse des Hügels nur die Eisentrümmer des Streitwagens oder ein Zahn vom Wisent auf den begrabenen Fürsten deutet. Es waren noch Deutsche vom alten Schlag, wie ihn Cäsar und

---

1) Pferdegeschirr fand man auch in der »Kanzel« nach Angabe des Herrn Stadtpfarrers Braun.

2) Ein Bärenzahn lag auch in einem Grabhügel bei Hauzenstein in Bayern. Correspondenzbl. des Gesammtvereins der Geschichts- und Alterthumsvereine 1870 nr. 1 S. 7.

3) »Die Knochen [der Grabhügel] sind überhaupt ihres höheren Alters wegen viel mürber, als die der Reihengräber, und oft zu einem braunen Staub zerfallen« Hölder in den Schriften des württ. Alterthumsv. Bd. I Heft VII 1866 S. 78.

4) Herodian VI 7, 9 beschreibt, nicht lange vor dem Untergang römisch Oehringens, die Deutschen. gegen welche Alexander Severus rüstete und Maximinus zu Felde zog, als φιλάργυροί τε ὄντες καὶ τὴν εἰρήνην ἀεὶ πρὸς Ῥωμαίους χρυσίου καπηλεύοντες.

5) Künige im eigentlichen Sinn d. i. Abkömmlinge eines edeln Geschlechts, kuni, sind gewiss im Fuchsbörzel, in der Kanzel und in jenem höchsten Hügel des »Eichwalds« begraben. Reguli und reges sagen die lateinischen Schriftsteller.

Tacitus schildern: Männer des Kriegs, von riesigem Wuchse,[1]) arm und einfach in ihrer Lebensweise. Mit den Einwohnern des Vicus Aurelii haben sie vieles gemein. Auch bei ihnen fanden wir Begraben und Verbrennen nebeneinander, auch sie legten die Leichname in der Richtung nach Norden, auch sie schmückten sich mit den gleichen bronzenen Fibeln, Schlangenbändern, Haarnadeln und andern Erzzierathen; auch im Gebrauch der Hufeisen haben wir Uebereinstimmung gefunden. Mögen die roheren Schmucksachen aus Erz und Eisen germanische Nachahmung römischer Fabrikate sein: die feineren sind doch wohl durch römischen Handel ins Germanenland gekommen; wären es Beutestücke, so müssten sich bessere Sachen und namentlich aus edleren Metallen finden. Offenbar bestand, wie jetzt noch zwischen manchen civilisirten und barbarischen Völkern, ein römisch-germanischer Tauschhandel, wobei die römischen reisenden Kaufleute, institores, den Germanen gegen möglichst werthlose nnd gleissende Gegenstände werthvolle Waaren, wie Felle, Sklaven, Salz, abzuschwatzen bestrebt waren. Von der grössten Wichtigkeit war sicher das Salz, das beim Mangel Germaniens an guten Strassen womöglich auf den Flüssen wird transportiert worden sein. Auch auf Kocher und Jagst wird zur Römerzeit, wie diess für Neckar (C. I. Rhen. nr. 1601) und Murg (C. I. Rhen. nr. 1668) inschriftlich bezeugt ist, Schifffahrt und Flösserei geblüht haben: noch bis in die neue Zeit waren bei der Haller Saline merkwürdige uralte »Wachsbücher« römischer Art zum Verzeichnen des Flossholzes im Gebrauch. Jedes bestand aus sechs mit Wachs ausgegossenen Rahmen oder Blättern, auf die mit einem Stahlgriffel geschrieben ward, dessen stumpfes Ende zum Auslöschen durch Glätten diente, Prescher, Geschichte von Limpurg I 46.

Der Name, welchen unser Volksstamm führte, ist äusserst schwer zu ermitteln; man schwankt zwischen den Bezeichnungen Markomannen, Hermunduren, Alamannen und Juthungen. Wahrscheinlich hiessen unsere Germanen um Christi Geburt Hermunduren und gehörten zum grossen Grenzmänner- oder Markomannenbunde; in der ersten Hälfte des dritten Jahrhunderts schlossen sie sich den Alamannen an, bildeten einen Theil derselben und nannten sich Juthungen. Unter diesem Namen mögen sie mit den Alamannen verbunden die Städte des Decumatlands erobert und verbrannt haben und auf der Splügenstrasse nach Italien eingebrochen sein.[2])

---

1) Hammer mass die Länge der Knochengerüste auf 1,7 bis 2,23 m., sicher zu hohe Ziffern, die davon herrühren, weil die Knochen sich aus ihren Fugen gelöst hatten. Noch Julian traf am Odenwald drei riesige (immanissimi) Könige der Alamannen, und im allgemeinen gelten dem Ammianus Marcellinus XVI 12, 47 die Alamanni als robusti, grandissimis corporibus freti. Ein Riesenalamanne aus dem Thurgau, Aenother d. i. Unthier genannt, diente unter Karl d. Gr. Die Alamannengerippe in den Reihengräbern von Ulm und Schleitheim werden z. Th. auf 1,825 bis 1,89 m. Länge berechnet, vgl. Jahrb. der Alterthumsfr. im Rheinl. XLIV 109.

2) Vgl. v. Wietersheim, Gesch. der Völkerwand. II 212: »Die Sueven bildeten später unter dem Namen Juthungen einen besondern Haupttheil der Alamannen; diese müssen vorzugsweise den Hermunduren angehört haben; vielleicht auch einige markomannische Gefolgschaften darunter.« Derselbe gibt a. a. O. III 10. 11 an, dass die Alamannen nebst den Juthungen, welche letztere grösstentheils aus Markomannen bestanden, gegen Eude d. J. 270 auf ihrem gewöhnlichen Weg über Chur in Italien ein-

Dass Hermunduren und Chatten (Hessen), später Alamannen und Burgunden, in unsrem Gräbergau am salzreichen Kocherthal sich bekriegten, ist ausser Zweifel. Oben schon haben wir die Stellen aus Tacitus und Ammianus Marcellinus angeführt, wornach Hermunduren und Chatten zur Zeit Domitians um den Besitz heiliger Salzquellen sich tödtlich befehdeten und drei Jahrhunderte später Alamannen und Burgunden in der Gegend des Pfahls oder Gepfähles wiederum wegen der Salzquellen Krieg mit einander führten.[1]) Ich berücksichtige die Behauptung anderer, als ob Tacitus die Salzquellen bei Kissingen oder bei Salzungen an der Werra meine[2]), nicht weiter, sondern will nur auseinandersetzen, inwiefern gerade unsere Gegend als Schauplatz der erwähnten Kämpfe sich rechtfertigt. Der Name Streitwald (Stritwalt im Kirchberger Gültbuch a. 1399) für die Fundstätte der grössten und meisten Grabhügel, dann die an den Streitwald stossende — durch das salzhaltige Brettachthälchen getrennte — Flur Kriegshöhe, dann in der Nähe die Streithöhe, ferner der Name Hermersberg für den zweiten Riesenfriedhof von Grabhügeln d. i. Berg des heerberühmten, Herimâri[3]), entweder auf einen Fürsten oder den Gott des Kriegs zu beziehen — diese Namen haben uns die Kunde erhalten, dass Krieg und Schlachten einst daselbst gewüthet und dass die dort Begrabenen den Tod auf der Walstatt gefunden haben. Man darf solche Traditionen nicht allzu gering schätzen. Allerdings sind sie oft eitel und

---

fielen. Vgl. denselben II 306. Ueber den Splügen führte seit Augustus eine treffliche Strasse (histor. Verein von S. Gallen, die Schweiz unter den Römern S. 6—8). Markomannen und Alamannen waren nicht Stamm-, sondern appellative Bundesnamen. Asinius Quadratus ums J. 250 sagt, dass die Alamannen zusammengelaufene und gemischte Menschen seien und diess auch ihr Name bedeute, bei Agathias I 6.

1) Tacit. ann. XIII 57: Eadem aestate inter Hermunduros Chattosque certatum magno proelio, dum flumen gignendo sale fecundum et conterminum vi trahunt, super libidinem cuncta armis agendi religione insita, eos maxime locos propinquare caelo precesque mortalium a deis nusquam propius audiri. inde indulgentia numinum illo in amne illisque silvis salem provenire . . . bellum Hermunduris prosperum, Chattis exitiosius fuit, quia victores diversam aciem Marti ac Mercurio sacravere, quo voto equi viri, cuncta victa occidioni dantur. Ammian. Marcellin. XVIII 2, 15 (von Julian a. 359): Postque saepimenta fragilium penatium inflammata et obtruncatam hominum multitudinem visosque cadentes multos aliosque supplicantes, cum ventum fuisset ad regionem cui Capellatii vel Palas nomen est, ubi terminales lapides Alamannorum (cod. Romanorum) et Burgundiorum confinia distinguebant, castra sunt posita. XXVIII 5, 11: quod [sc. Burgundii] salinarum finiumque causa Alamannis saepe iurgabant.

2) Es ist gewiss viel wahrscheinlicher, dass den Römern zu Ohren kam, was an dem weit näher liegenden Kocherthal, wenige Stunden vom Limes, sich zutragen mochte, als die Fehden und Fehdenobjecte der germanischen Stämme bei Kissingen oder an der Werra (wie Nipperdey ad Tac. l. c. behauptet), inmitten des sprichwörtlich »unzugänglichen« hercynischen Waldes. Auch Mannert German. S. 293. Haas, Urzustände Alemanniens S. 26. v. Wietersheim . Gesch. der Völkerwander. III 321. vgl. Stälin, württemb. Gesch. I 122 entscheiden sich für Schwäbisch-Hall und den hohenlohischen Pfahlgraben.

3) Vgl. Kausler, württemb. Urkundenbuch I S. 50: secus casam Herimari a. 797 zu Tuttlingen. Im badischen Schwarzwald an der Kinzig findet sich noch ein zweiter Hermersberg.

leer — namentlich ist die Sage von einer untergegangenen Stadt gewöhnlich werthlos — ein Beispiel aber, dass sie Wahrheit aus grauer Vorzeit enthalten, bietet die Anekdote vom Gallscheider Hügel bei S. Goar auf dem Hunsrück, in welchem der Sage nach ein goldener Wagen stecken sollte, und in Wirklichkeit unzweideutige Reste eines Wagens vorgefunden worden sind (Jahrb. des Vereins von Alterthumsfr. im Rheinl. XVIII). In der Nähe des Streitwalds und überhaupt der Grabhügelmasse bei Kirchberg sind mehrere kleinere, aber seit den ältesten Zeiten betriebene Salzwerke, so bei Beimbach im Brettachthal auf der einen Seite des Streitwalds (O. A. Beschr. von Gerabronn, Stuttg. 1847 S. 13) und bei Sulz mit den Suhlwiesen auf der andern Seite des Bergs (ebendas. S. 12. 13); von ganz ausserordentlicher Bedeutung aber waren die nur 2 Meilen von Kirchberg entfernten Salzquellen des Kocherthals bei Hall, das fast ein Jahrtausend lang Namen und Wohlstand dieser Gottesgabe verdankte. Gehen wir 3 Meilen weiter kocherabwärts — die direkte Entfernung ist viel geringer, da der Fluss einen ungeheuren Bogen macht — so kommen wir an die Grabhügelgruppe des Hermersberges und Beerberges und wiederum an Salzquellen, die einst sich hohen Ruhms erfreuten. Es sind die Quellen zu Weissbach und Niedernhall am Kocher, nur $^3/_4$ Meilen vom Limes, mit diesem und den Oehringer Bürgen durch eine Verlängerung der römischen Hochstrasse verbunden. Gerade dem salzhaltigen Halberg gegenüber, durch den Kocherfluss — d. i. den zum Sieden, Kochen des Salzes verwendeten Fluss — von ihm geschieden, erheben sich im Halbkreis die Hermersberger Waldhöhen, und ihre uralten Eichen und noch älteren Todtenbühle schauen seltsam hernieder auf die Stätte unterirdischen Segens, die schon in grauer Vorzeit den Begrabenen dieser Hügel als theuerstes Gut, als Heiligthum[1]) gegolten, wohl werth eines Kampfes auf Leben und Tod.

---

[1]) Bei Hallein, Hallstadt und Salzburg in Noricum wohnte nach Ptolemaeus II 13, 2 eine Völkerschaft Alauni oder Hallauni, von denen deae oder matres Alounae, also wahrscheinlich förmliche Salzgöttinnen verehrt wurden, Hefner, röm. Bayern ³ S. 12. Vgl. oben die Stelle aus Tacitus.

INHALT DER TAFELN.

(Gezeichnet wurden die Abbildungen Tafel III— VII von A. Leipheimer und E. Keller).

Tafel I: Plan von Römisch-Oehringen.
            Plan von Römisch-Jagsthausen.
            Karte der Umgebung von Oehringen.

Tafel II: Minervenstatuen aus Sandstein (Oehringen) S. 23. 24.

Tafel III: 1. Eponarelief (Oehringen) S. 25. 26.
            2. Nymphenrelief (Unterheimbach) S. 26—28.

Tafel IV: 1. Kaiserinkopf aus Sandstein (Oehringen) S. 32.
            2. Minervenkopf aus Erz (Oehringen) S. 24. 25.
            3. Carneol mit dem Genius des Todes (Oehringen) S. 21. 22.
            4. Silen aus Erz (Jagsthausen) S. 46
            5. Amazone aus Erz (Jagsthausen) S. 46.

Tafel V: 1. Halsring aus Erz (Gegend von Kirchberg) S. 58.
            2. Halsring mit Bommeln aus Erz (Gegend von Kirchberg) S. 58.
            3. Arm- oder Fussring aus Erz (Gegend von Niedernhall) S. 57.
            4. Arm- oder Fussring aus Erz (Gegend von Niedernhall) S. 57.
            5. Armring aus Erz (Gegend von Niedernhall) S. 57.
            6. Armring aus Erz (Hürden an der Jagst) S. 57.
            7. Armring aus Erz (Hohenlohe) S. 58.
            8. Armring aus Erz (Gegend von Kirchberg) S. 57.
            9. Armring aus Erz (Gegend von Niedernhall) S. 58.
            10. Fibula aus Erz (jenseits des Oehringer Limes) S. 56. 59.
            11. Haarnadel aus Erz (Hohenlohe) S. 56. 57.
            12. Haarnadel aus Erz (Gegend von Niedernhall) S. 56. 57.
            13. Knopf der Haarnadel nr. 12.
            14. Zierschnalle aus Erz (Hohenlohe) S. 56.

Tafeln VI: 1. Irdener Topf (Gegend von Kirchberg) S. 55.
            2. Irdener Topf, (Gegend von Kirchberg) S. 55.
            3. Irdene Schüssel (Gegend von Kirchberg) S. 55.
            4. Zwei irdene Töpfe ineinander (Gegend von Kirchberg) S. 55.
            5. Meissel aus Diorit (jenseits des Oehringer Limes) S. 2. 59.
            6. Hufeisen (Gegend von Niedernhall) S. 60.
            7. Beschläg aus Erz (Gegend von Niedernhall) S. 57.
            8. Speerspitze aus Erz (Gegend von Niedernhall) S. 57.
            9. Grabhügel (Gegend von Kirchberg) S. 52. 53.

10. Durchschnitt des Grabhügels nr. 9.
11. Seltsamer grosser Stein aus einem Grabhügel (jenseits des Oehringer Limes) S. 59.
12. Fragment eines irdenen Topfes (Gegend von Kirchberg) S. 55.
13. Fragment eines irdenen Topfes (Mergentheim) S. 55.
14. Fragment eines irdenen Topfes (Gegend von Kirchberg) S. 55.

Tafel VII:
1. Todtenlampe (Oehringen) S. 30.
2. Fragment einer irdenen Gesichtsurne (Oehringen) S. 21.
3. Emailbrosche aus Erz (Jagsthausen) S. 46.
4. Fibula aus Erz (Oehringen) = Lindenschmit. Alterth. uns. heidn. Vorzeit II xi Taf. 2. 4.
5. Seitenansicht der Emailbrosche nr. 3.
6. Haarnadel aus Erz (Jagsthausen) S. 46.
7. Knopf einer Haarnadel aus Erz (Jagsthausen) S. 46.
8. Anhänger aus Erz mit Goldblecheinfassung (Oehringen) S. 22.
9. Fibula aus Erz (Jagsthausen) S. 46.
10. 11. 12. Haarnadeln aus Erz (Hohbach an der Jagst) S. 54.
13. Dolch [oder Speerspitze] aus Erz (Hohbach) S. 54.
14. Streitmeissel aus Erz (Hohbach) S. 53. 54.
15. Zierscheibe aus Erz (Hohbach) S. 54.
16. Ring aus Erz (Hohbach) S. 54.
17. Zierscheibe aus Erz (Hohbach) S. 54.

Berichtigungen und Nachträge:

S. 2 Z. 4 setze statt nr. 8 nr. 5.
S. 42 zu der eigenthümlichen Ligatur von MV vergl. die ganz ähnliche in den beiden Inschriften bei Ritschl, priscae Latin. monum. LXIII B. C.
S. 43 Z. 1. 2 von unten streiche Haug bis herausgebracht.
S. 44 füge den neulichst gefundenen, sonst unbekannten Töpferstempel RIISTVTVS · FE = Restutus fecit ein.

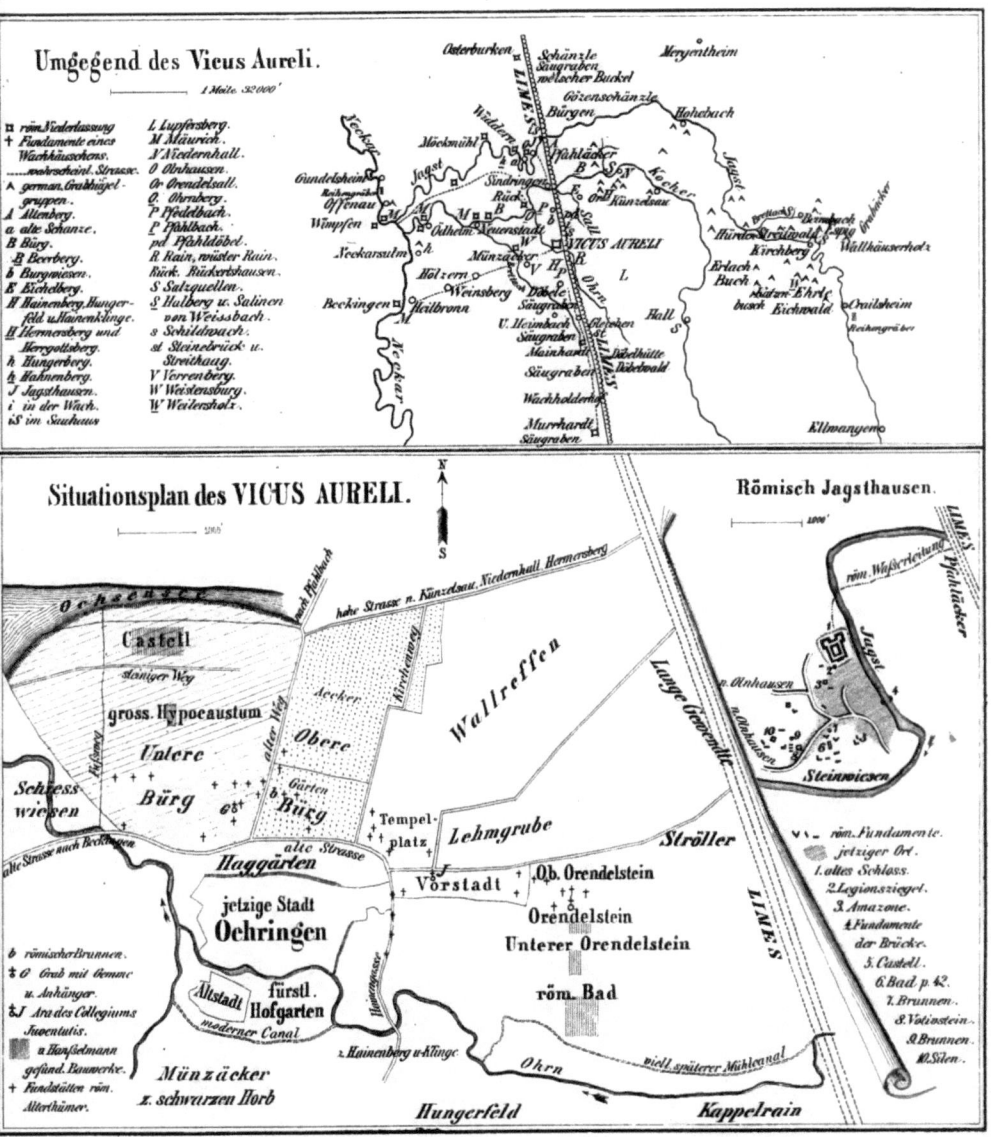

Taf. I.

Oehringen und Unterheimbach. Taf. III.

Epona- und Nymphenrelief.

Oehringen und Jagsthausen. Taf. IV.

1.

Kaiserin.
⅓

2.

Minerva.
⅓

3.
Genius.
²⁄₁

4.

Silen.
½

5.

Amazone.
⁴⁄₃

Hohenlohe.

Taf. V.

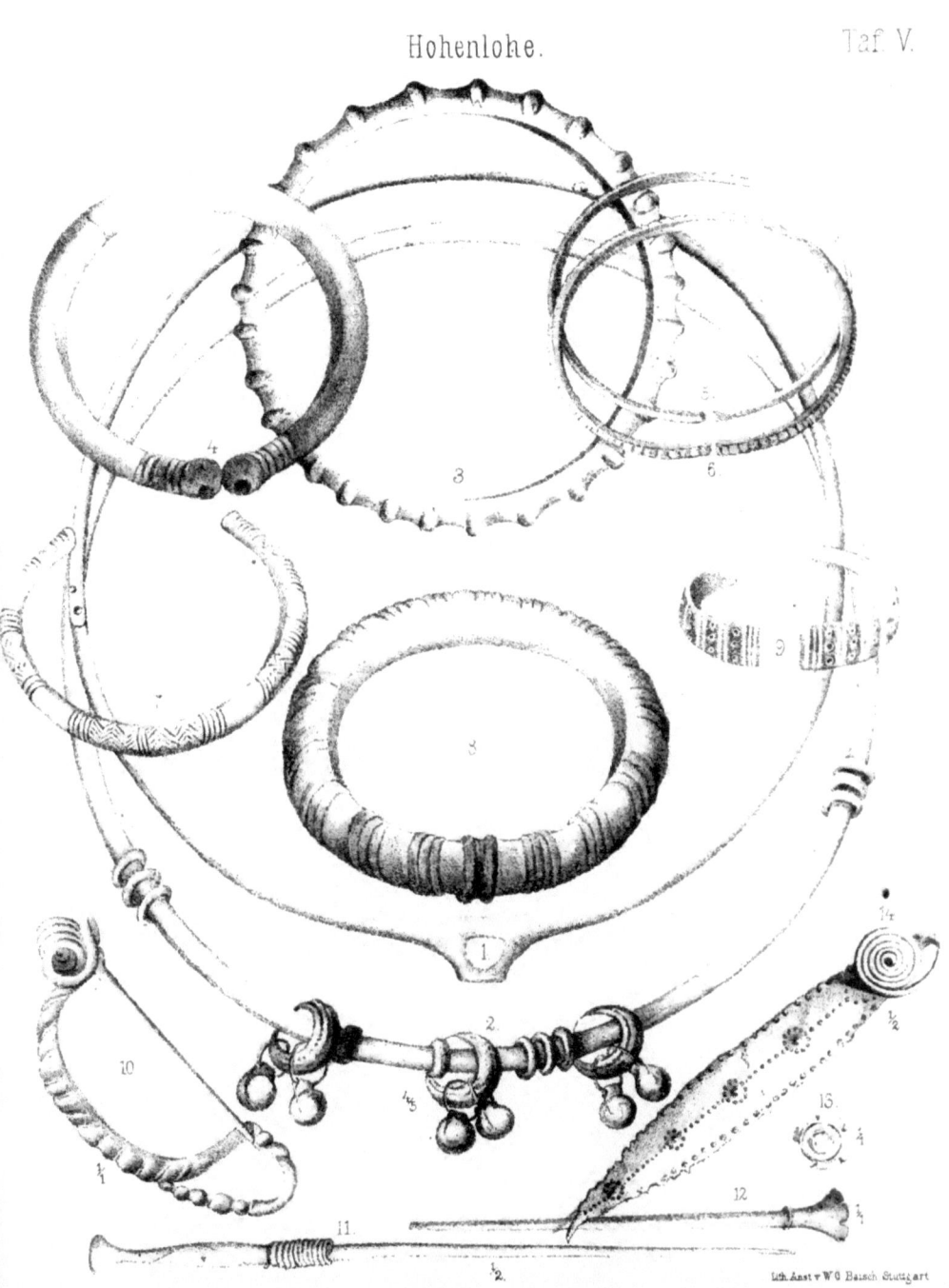

Germanische Grabhügel jenseits des Pfahlgrabens. (Bronzezierathen.)

Hohenlohe.   Taf. VI.

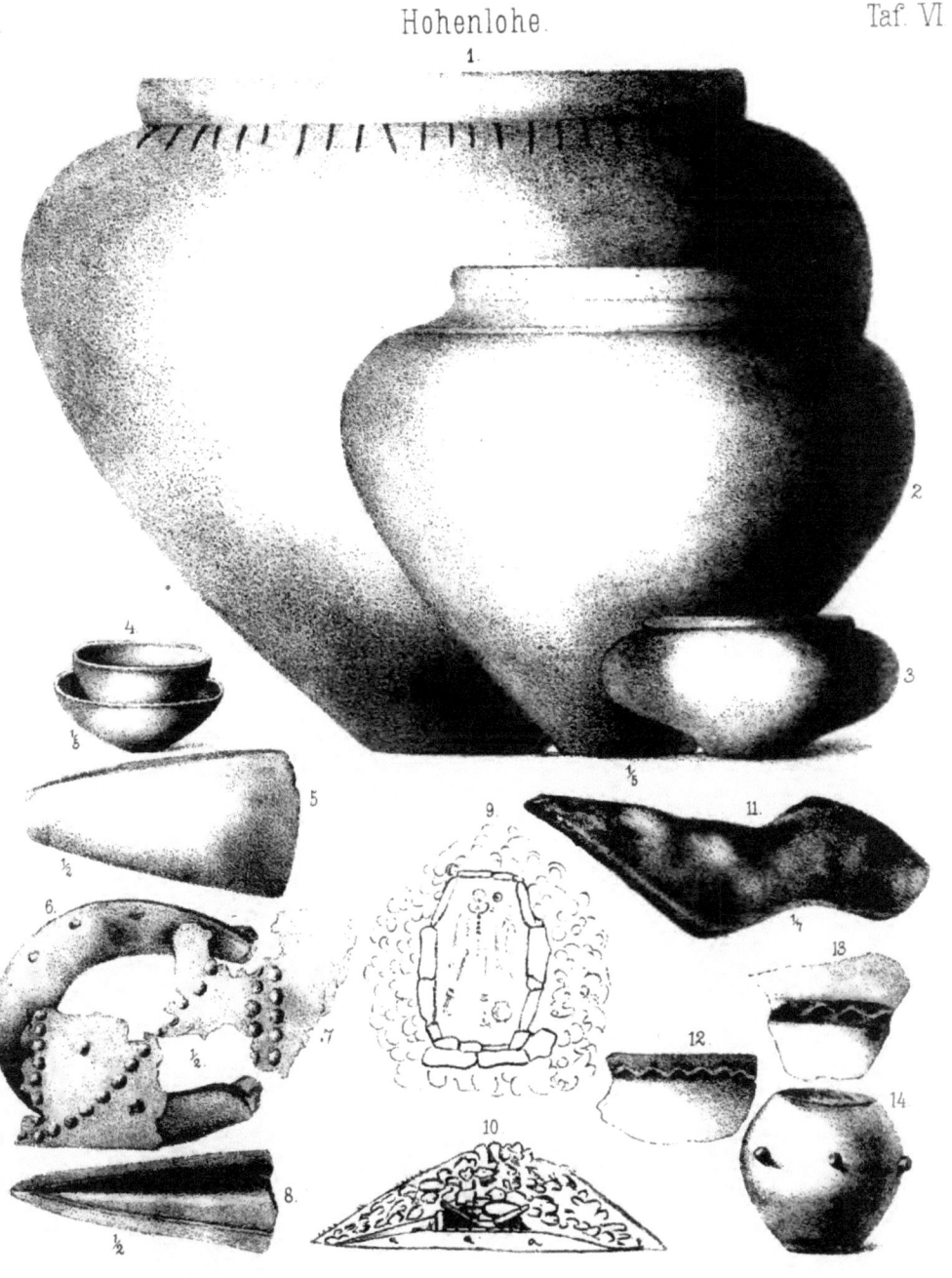

Germanische Grabhügel jenseits des Pfahlgrabens. (Töpfe, Waffen, etc.)

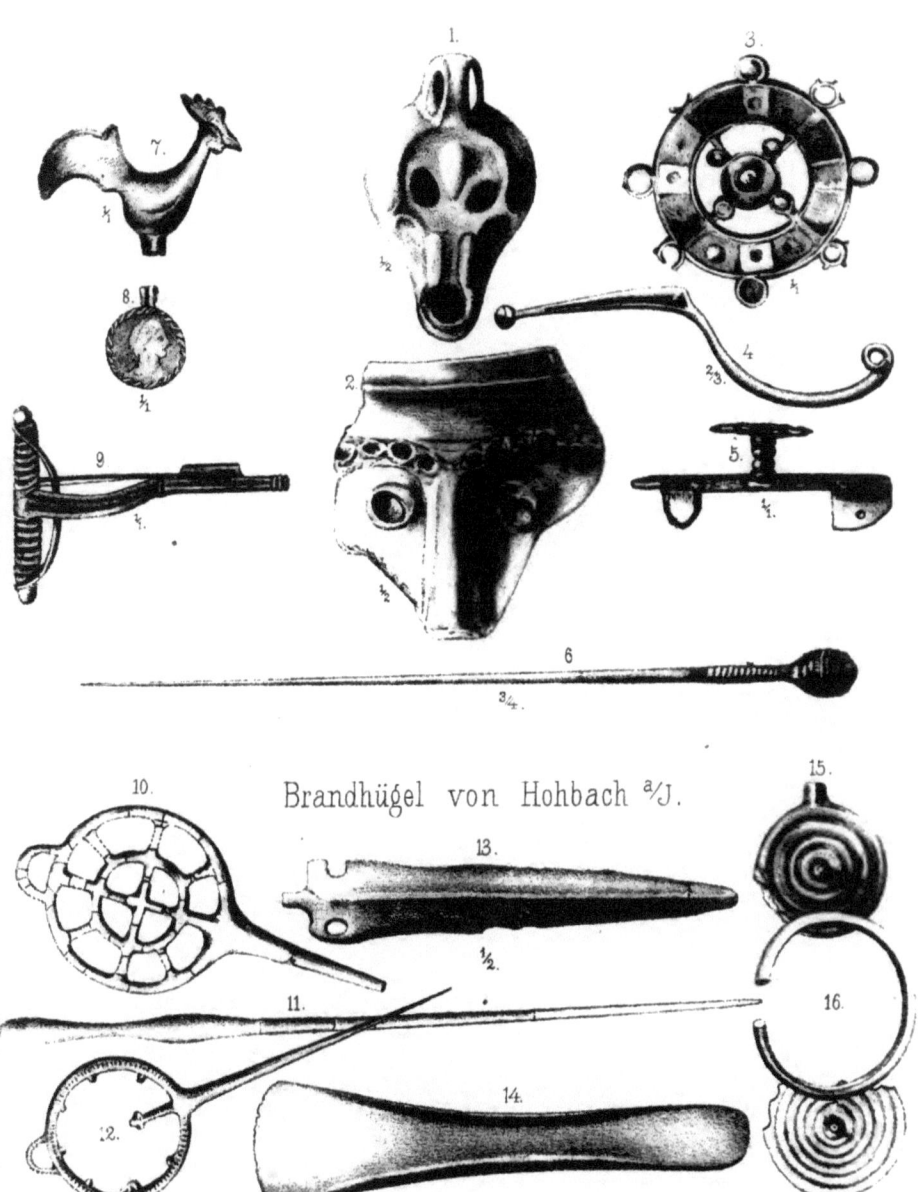